Kollektivität und Macht im Internet

Ulrich Dolata · Jan-Felix Schrape
(Hrsg.)

Kollektivität und Macht im Internet

Soziale Bewegungen – Open Source
Communities – Internetkonzerne

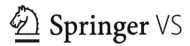

Herausgeber
Ulrich Dolata
Stuttgart, Deutschland

Jan-Felix Schrape
Stuttgart, Deutschland

ISBN 978-3-658-17909-0   ISBN 978-3-658-17910-6 (eBook)
DOI 10.1007/978-3-658-17910-6

Die Deutsche Nationalbibliothek verzeichnet diese Publikation in der Deutschen Nationalbibliografie; detaillierte bibliografische Daten sind im Internet über http://dnb.d-nb.de abrufbar.

Springer VS
© Springer Fachmedien Wiesbaden GmbH 2018
Das Werk einschließlich aller seiner Teile ist urheberrechtlich geschützt. Jede Verwertung, die nicht ausdrücklich vom Urheberrechtsgesetz zugelassen ist, bedarf der vorherigen Zustimmung des Verlags. Das gilt insbesondere für Vervielfältigungen, Bearbeitungen, Übersetzungen, Mikroverfilmungen und die Einspeicherung und Verarbeitung in elektronischen Systemen.
Die Wiedergabe von Gebrauchsnamen, Handelsnamen, Warenbezeichnungen usw. in diesem Werk berechtigt auch ohne besondere Kennzeichnung nicht zu der Annahme, dass solche Namen im Sinne der Warenzeichen- und Markenschutz-Gesetzgebung als frei zu betrachten wären und daher von jedermann benutzt werden dürften.
Der Verlag, die Autoren und die Herausgeber gehen davon aus, dass die Angaben und Informationen in diesem Werk zum Zeitpunkt der Veröffentlichung vollständig und korrekt sind. Weder der Verlag noch die Autoren oder die Herausgeber übernehmen, ausdrücklich oder implizit, Gewähr für den Inhalt des Werkes, etwaige Fehler oder Äußerungen. Der Verlag bleibt im Hinblick auf geografische Zuordnungen und Gebietsbezeichnungen in veröffentlichten Karten und Institutionsadressen neutral.

Gedruckt auf säurefreiem und chlorfrei gebleichtem Papier

Springer VS ist Teil von Springer Nature
Die eingetragene Gesellschaft ist Springer Fachmedien Wiesbaden GmbH
Die Anschrift der Gesellschaft ist: Abraham-Lincoln-Str. 46, 65189 Wiesbaden, Germany

Inhalt

Kollektivität und Macht im Internet. Eine Einführung 1
Ulrich Dolata und Jan-Felix Schrape

Kollektives Handeln im Internet. Eine akteurtheoretische Fundierung 7
Ulrich Dolata und Jan-Felix Schrape

Soziale Bewegungen: Die soziotechnische Konstitution kollektiven
Handelns 39
Ulrich Dolata

Open-Source-Communities: Die soziotechnische Verstetigung
kollektiver Invention 71
Jan-Felix Schrape

Internetkonzerne: Konzentration, Konkurrenz und Macht 101
Ulrich Dolata

Autorenverzeichnis 131

Kollektivität und Macht im Internet
Eine Einführung

Ulrich Dolata und Jan-Felix Schrape

Das Internet ist zu einer wesentlichen infrastrukturellen Grundlage sozialen Handelns und Verhaltens geworden und eröffnet kollektiven Formationen der unterschiedlichsten Art neue Artikulations- und Aktivitätsmöglichkeiten. Dazu gehören Massenphänomene wie beispielsweise feedbackgebende Kunden auf Shopping-Portalen wie Amazon, Nutzerkollektive von Social-Networking-Diensten wie Facebook, Instagram, WhatsApp oder Snapchat, Publikations- und Rezeptionsnetzwerke auf YouTube, massenhaftes Filesharing, spontan auftretende Empörungswellen im Social Web (,Shitstorms') oder um Hashtags gruppierte Diskussionszusammenhänge auf Twitter. Dazu zählen aber auch organisierter auftretende Interessen- und Produktionsgemeinschaften im Kontext der Open-Source-Softwareentwicklung oder der Erarbeitung freier Inhalte (z. B. Wikipedia) sowie soziale Bewegungen, die zur Mobilisierung und Koordinierung gesellschaftlichen Protests seit einiger Zeit auch auf das Internet bzw. Social Media zurückgreifen.

Zusammengehalten und geprägt werden diese sehr unterschiedlich ausgerichteten kollektiven Äußerungsformen und Handlungsmöglichkeiten im Netz in den meisten Fällen durch eine überschaubare Anzahl an Plattformen und Infrastrukturdiensten, die von wenigen weltweit agierenden Technologieunternehmen – vor allem von Google, Facebook, Amazon und Apple – betrieben und entwickelt werden. Diese Konzerne prägen nicht nur wesentliche Märkte des kommerziellen Internets. Sie sind darüber hinaus auch die wesentlichen Gatekeeper und Kuratoren des individuellen und kollektiven Austauschs im Netz, strukturieren mit ihren Angeboten die Kommunikations- und Aktivitätsmuster ihrer Nutzer und verfügen mittlerweile über eine weitreichende infrastrukturelle und regelsetzende Macht, die deutlich über marktbeherrschende ökonomische Positionen hinausreicht.

Die vier Aufsätze dieses Buches beschäftigen sich mit den Ausprägungen und Zusammenhängen von Kollektivität und Macht im Internet und fassen unsere Forschung zu diesen beiden Themenkomplexen zusammen, die wir in der Abteilung für Organisations- und Innovationssoziologie der Universität Stuttgart seit 2013 durchgeführt haben. Die Texte befassen sich mit den Fragen,

- wie sich verschiedene Formen internetbasierter Kollektivität – Massen, Crowds, Bewegungen, Gemeinschaften – akteur- und handlungstheoretisch fassen und voneinander abgrenzen lassen;
- welche Rolle die technischen Infrastrukturen des (Social) Webs für deren Formierung, Koordination und Verstetigung spielen;
- wie sich die Mobilisierung und Organisierung sozialer Bewegungen und gesellschaftlichen Protests durch Internet und Social Media verändert haben;
- wie die Arbeits-, Austausch- und Entscheidungsprozesse in gegenwärtigen Open-Source-Communities organisiert sind und inwiefern sich diese von verbreiteten Vorstellungen einer ‚commons-based peer production' abheben;
- warum die wesentlichen Segmente des kommerziellen Internets heute ökonomisch stark konzentriert sind und über welche wirtschaftliche, infrastrukturelle und regelsetzende Macht die führenden Internetkonzerne mittlerweile verfügen.

Im *ersten Aufsatz*, der sich mit verschiedenen *Ausprägungen kollektiven Handelns und Verhaltens im Internet* befasst, nehmen wir zwei basale Unterscheidungen vor. Erstens differenzieren wir zwischen nicht-organisierten Kollektiven und kollektiven Akteuren. Nicht-organisierte Kollektive, zu denen Massenphänomene, Crowds und episodische Teilöffentlichkeiten zählen, werden geprägt von einer hohen situativen Spontaneität und verfügen über keine situationsüberdauernden Organisierungs-, Koordinations- und Entscheidungsstrukturen. Sie lassen sich daher nicht als eigenständige soziale Akteure fassen, sondern zeichnen sich durch volatile Formen kollektiven Verhaltens aus. Demgegenüber werden Produktions- und Interessengemeinschaften sowie soziale Bewegungen als strategiefähige kollektive Akteure verstanden, die durch situationsübergreifende Institutionalisierungsprozesse geprägt werden, in deren Verlauf sich spezifische Gruppenidentitäten, geteilte Regeln, Konventionen und Ziele sowie koordinierende und organisierende Kernstrukturen herausbilden, auf deren Grundlage kollektives Handeln über den konkreten Moment hinaus möglich wird.

Die zweite Unterscheidung betrifft die technischen Infrastrukturen des Internets, die heute für die Herausbildung, Stabilisierung und Prägung kollektiver Formationen eine wichtige Rolle spielen. Hier differenzieren wir zwischen übergreifend genutzten Plattformen im Social Web, die in der Regel von marktführenden Internetkonzernen betrieben werden, und formationsspezifischen Infrastrukturen, die soziale Bewegungen und Gemeinschaften in Eigenregie betreiben. Nicht-organisierte Kollektive bewegen sich fast ausschließlich auf Plattformen wie Facebook, YouTube oder Twitter und unterliegen deren technischen Spezifikationen, algorithmischen Filterstrukturen, Geschäftsbedingungen und Regeln. Formationsspezifische Infrastrukturen finden sich dagegen vor allen Dingen im Kontext von Open-Content- bzw. Open-Source-Gemeinschaften und onlineaffinen sozialen Bewegungen. All diese technischen Infrastrukturen haben nicht nur ermöglichende Eigenheiten, sondern werden in gleichem Maße geprägt von in die Technik eingeschriebenen Regeln und Koordinationsmustern, die kollektives wie individuelles Verhalten strukturieren und kanalisieren. Sie eröffnen privatwirtschaftlichen Betreibern und staatlichen Nachrichtendiensten darüber hinaus zuvor nicht gekannte Möglichkeiten der sozialen Kontrolle und Überwachung.

Im *zweiten Aufsatz* zu *sozialen Bewegungen* wird die Rolle, welche die technischen Infrastrukturen des Internets heute für die Entfaltung und Stabilisierung von Protest spielen, genauer herausgearbeitet. Im Zentrum der Argumentation stehen zwei Themen: Zum einen geht es um eine präzisere Bestimmung der technischen Grundlagen kollektiven Handelns, die das Internet und Social Media nicht nur als konnektivitätserweiternde Infrastrukturen, sondern auch als regelsetzende Institutionen mit großer Eingriffstiefe ausweisen. Zum anderen wird in kritischer Auseinandersetzung mit dem populären Konzept der ‚connective action' das neuartige Verhältnis sozialer und technischer Konstitutionsbedingungen von kollektivem Protest und sozialen Bewegungen ausgelotet, das als technisch erweiterte Sozialität auf den Begriff gebracht wird: Internet und Social Media ersetzen nicht klassische Äußerungsformen von Protest wie etwa Straßendemonstrationen oder Platzbesetzungen, sondern sind in ein erheblich breiteres Spektrum an Bewegungsaktivitäten eingebettet. Sie sind allerdings nicht bloß ein zusätzliches Repertoireelement: Internet und Social Media ermöglichen als weit über den Handlungsrahmen sozialer Bewegungen hinausgreifende technische und mediale Infrastrukturen multiple Vernetzungs- und Rückkoppelungsprozesse in Echtzeit und Permanenz. Sie bieten neue Möglichkeiten der Vernetzung innerhalb und zwischen Bewegungen und tragen sowohl zur Verdichtung als auch zu permanentem Feedback nicht nur zwischen Aktivisten und Teilnehmern sowie zwischen Online- und Offlineaktivitäten, sondern auch zwischen verschiedenen medialen Kanälen bei, durch die jedes soziale Ereignis und jede soziale Aktivität unmittelbar geteilt, ausgetauscht und wieder in die Bewegung oder die Öffentlichkeit zurückgespielt werden kann.

Der *dritte Aufsatz* zu *Open-Source-Communities* diskutiert demgegenüber zum einen die sich wandelnden Relationen zwischen etablierten Technologieunternehmen und quelloffenen Softwareentwicklungsvorhaben. Zu diesem Zweck erfolgt zunächst eine systematisierende Rekonstruktion der Ausdifferenzierung von Open-Source-Vorhaben und ihrer sozioökonomischen Kontexte. Daran anknüpfend werden vier idealtypische Varianten aktueller Open-Source-Projekte voneinander abgegrenzt – von korporativ geführten Kollaborationsprojekten und elitezentrierten Gemeinschaften über heterarchischer angelegte Infrastrukturvorhaben bis hin zu wenigen egalitär ausgerichteten Gruppierungen, die der klassischen Idee einer ‚commons-based peer production' nahe kommen. Zum zweiten arbeitet der Text heraus, aus welchen Gründen quelloffene Softwareprojekte ihre Formatierung als Gegenentwurf zur kommerziellen Produktion mittlerweile zwar weitgehend verloren haben, aber im Unterschied zu früheren Spielarten kollektiver Invention – also der offenen und gemeinschaftlichen Entwicklung neuer technologischer Strukturen – über die Initialphase von Innovationsprozessen hinaus überlebensfähig geblieben sind. Quelloffene Softwarelizenzen haben im Verbund mit den koordinationserleichternden Eigenschaften des Internets den soziotechnischen Rahmen für eine auf Dauer gestellte Form kollektiver Invention aufgespannt, die zunächst in subversiven Nischen Anwendung fand und ab der Jahrtausendwende als ergänzende Entwicklungsmethode von der kommerziellen Softwareindustrie adaptiert wurde. Heute sind Open-Source-Projekte zu wichtigen Inkubatoren für neue Produktlinien und fundamentale Infrastrukturen in einer durch sehr kurze Innovationszyklen gekennzeichneten Softwareindustrie sowie zu einem festen Baustein der Innovationsstrategien aller etablierten Technologieunternehmen geworden.

Im *vierten Aufsatz*, der sich mit den *Internetkonzernen* befasst, wird das Thema Macht im Online-Bereich noch einmal an prominenter Stelle aufgegriffen und vertieft. Der Text analysiert die Konzentrationsprozesse auf den wesentlichen Internetmärkten sowie die Expansions- und Innovationsstrategien der fünf führenden Konzerne Google, Facebook, Apple, Amazon und Microsoft. Die Befunde, die der Text vorstellt, sind von einer Dezentralisierung der Marktstrukturen und einer Demokratisierung der Innovationsprozesse im Web ebenso weit entfernt wie von Vorstellungen einer offenen und kollaborativ betriebenen Technik- und Produktentwicklung. Obgleich die Internetwirtschaft auch heute durch die verstreuten Aktivitäten zahlloser Startup-Unternehmen und Entwicklergemeinschaften mitgeprägt wird, zeichnet sich das kommerzielle Internet inzwischen erstens durch eine signifikante Hierarchisierung und Marktkonzentration aus. Zweitens ist es zugleich auf allen Ebenen von scharfen Konkurrenzauseinandersetzungen zwischen den Konzernen geprägt, was zu einer bemerkenswerten Volatilität erworbener Markt- und Machtpositionen führt, die angesichts der außerordentlichen Innovationsdynamiken in schneller Folge immer wieder verteidigt und erneuert werden müssen. Drittens schließlich reicht die Macht der Internetkonzerne mittlerweile deutlich über marktbeherrschende Positionen im kommerziellen Internet hinaus und weit in die Gesellschaft hinein. Dadurch, dass sie maßgebliche infrastrukturelle Grundlagen des Netzes betreiben und die wesentlichen Zugänge zum Netz bereitstellen, werden sie zu den zentralen regelsetzenden Akteuren, die das Online-Erlebnis individueller Nutzer und kollektiver Formationen strukturieren, Rahmenbedingungen für ihre Bewegung vorgeben und das auf ihren Angeboten ansetzende Verhalten und Handeln mitprägen. Sie sind nicht einfach Vermittlungsinstanzen wie etwa Telefongesellschaften, sondern werden durch ihre infrastrukturelle und regelsetzende Macht zu handlungs- und meinungsprägenden Kuratoren des öffentlichen Diskurses.

Die hier zusammengefassten Aufsätze basieren auf ausführlicheren Diskussionspapieren, die zunächst in der Reihe *Stuttgarter Beiträge zur Organisations- und Innovationssoziologie* erschienen sind (http://uni-stuttgart.de/soz/oi/publikationen/) und teilweise bereits an anderer Stelle publiziert wurden. Die Texte „Kollektives Handeln im Internet. Eine akteurtheoretische Fundierung" und „Internetkonzerne: Konzentration, Konkurrenz und Macht" sind im *Berliner Journal für Soziologie* 24(1) bzw. 24(4) erschienen; der Text „Open-Source-Communities: Die soziotechnische Verstetigung kollektiver Invention" wurde in Teilen und in deutlich anderer Ausrichtung in den *WSI Mitteilungen* 69(8) veröffentlicht. Für das vorliegende Buch wurden sämtliche Beiträge überarbeitet, erweitert und aktualisiert.

Stuttgart, im Sommer 2017

Ulrich Dolata
Jan-Felix Schrape

Kollektives Handeln im Internet
Eine akteurtheoretische Fundierung

Ulrich Dolata und Jan-Felix Schrape

1 Einleitung

Dass sich in soziotechnischen Umbruchperioden die Handlungsbedingungen etablierter Akteure mitunter radikal verändern und neue Akteurformationen mit zum Teil erheblichen gesellschaftlichen Rückwirkungen entstehen, ist sozialhistorisch evident. So sind etwa im Zuge der kapitalistischen Industrialisierung gegen Ende des neunzehnten Jahrhunderts die Organisationen und kollektiven Aktionsformen der Arbeiterbewegung entstanden (Kocka 1983; Hinton 1983). Seit Ende der 1960er Jahre haben sich, angestoßen durch soziale und technologische Kontroversen, neue soziale Bewegungen wie die Bürgerrechts-, Studenten-, Anti-Kriegs-, Anti-Atom- oder Ökologiebewegung als wirkmächtige gesellschaftliche Einflussgrößen etabliert (Rucht 1994; Della Porta & Diani 2006: 33–63).

Heute sind es nicht mehr so sehr grundlegende soziale Auseinandersetzungen und klar fokussierte gesellschaftliche Kontroversen, die den Ausgangspunkt für erneute Erweiterungen und Ausdifferenzierungen im Akteur- und Handlungsspektrum moderner Gesellschaften bilden, sondern neue informations- und kommunikationstechnische Angebote, die sich in sehr unterschiedlicher Weise kollektiv nutzen lassen – als aggregierte Ausdrucksform von Konsumentenpräferenzen ebenso wie zur Mobilisierung und Organisierung politischen Protest. Dazu zählen Massenphänomene wie feedbackgebende Kunden in Online-Stores und Nutzer von Social-Networking-Diensten wie Facebook oder von Filesharing-Plattformen wie The Pirate Bay, aber auch die aktiven Kerngruppen in Open-Content- und Open-Source-Projekten wie Wikipedia, dem Linux Kernel oder dem Apache HTTP Server, themenzentrierte Gruppen im Social Web und informell strukturierte Protestkollektive wie Anonymous oder Occupy. Die Onlinetechnologien fungieren dabei vorderhand „as organizing agents" (Bennett & Segerberg 2012: 752; Bennett et al. 2014) bzw. als „technological tools that fundamentally enhance connectivity among people" (Bimber et al. 2012: 3) und haben Anlass zur Suche nach und zur Identifizierung von neuartigen oder grundlegend veränderten kollektiven Formationen und Akteuren im Web gegeben, denen nicht selten weitreichende Handlungs- und Einflussmöglichkeiten zugeschrieben werden.

Die Ergebnisse dieser Suche sind bislang aus zwei wesentlichen Gründen unbefriedigend geblieben. *Zum einen* fehlt es an soziologisch informierten und theoretisch orientierenden Beiträgen, die sich nicht auf die Erfindung einprägsamer Begrifflichkeiten und die Analyse von Einzelfällen beschränken, sondern die unterschiedlichen Formen kollektiven Verhaltens und Handelns im Internet entlang akteur- und handlungstheoretischer Kategorien präziser aufeinander beziehen. Mit Blick auf ihre Größe, innere Struktur, Interaktion, Stabilität, Leistung und Strategiefähigkeit heben sich die verschiedenen kollektiven Formationen im Internet deutlich voneinander ab und lassen sich nur um den Preis der analytischen Nichtaussage auf den einen allgemein gültigen Begriff bringen. Genau dies geschieht allerdings immer wieder. Pauschale und ohnehin sehr dehnungsfähige Begriffe wie ‚swarms', ‚crowds' oder ‚networks' dienen oft dazu, schlicht alle Formationen zu beschreiben, die sich nicht als stabile soziale Gebilde fassen lassen (z. B. in Benkler 2006; Ritzer & Jurgenson 2010; Gaggioli et al. 2013). Sie tragen zum Verständnis der sehr unterschiedlich strukturierten kollektiven Aktivitäten im Netz freilich ebenso wenig bei wie entsprechend weite Definitionen solcher Phänomene als „an undefined (and generally large) network of people" (Howe 2006; ähnlich z. B. Hammon & Hippner 2012).

Zum anderen fehlt es aber auch an einer techniksoziologischen Fundierung des Einflusses technologischer Rahmenbedingungen auf die Formierung, Strukturierung und Handlungsausrichtung der neuen sozialen Formationen im Online-Kontext. All die Äußerungsmöglichkeiten der Nutzer und die Bewegungsmöglichkeiten des Schwarms, der Menge, der Gemeinschaft oder der sozialen Bewegung im Web wären ohne technische Plattformen und deren Strukturierungsleistungen so gar nicht denkbar. Die technischen Infrastrukturen des Netzes ermöglichen neue Formen kollektiven Verhaltens und Handelns, strukturieren es aber auch auf zum Teil rigide Weise mit. Die Herausbildung neuer sozialer Kollektive wird im Internet weit stärker als zuvor zu einem soziotechnischen Prozess, in dem soziale und technische Einflussgrößen eng zusammenspielen. Zwar wird in der Literatur immer wieder auf den handlungsermöglichenden bzw. -erweiternden Charakter der neuen Onlinetechnologien hingewiesen (z. B. Graham & Dutton 2014; Bimber et al. 2005), was mitunter – so beispielsweise bei Manuel Castells (2012: 168) – in der pauschalen Aussage mündet, dass die meisten gegenwärtigen sozialen Bewegungen „[were] born on the Internet, diffused by the Internet, and maintained [their] presence on the Internet". Die fallspezifische Relevanz der technischen Infrastrukturen sowie das Verhältnis von technischen und sozialen Strukturierungen für die Entstehung und Bewegung kollektiver Formationen im Internet werden allerdings in der Regel nicht konkretisiert.

Aus diesen beiden Defiziten ergeben sich die zentralen Problemstellungen, die in diesem Text diskutieren werden. Im Fokus der nachfolgenden Überlegungen stehen die Fragen, (1) wie sich die sehr verschiedenartigen kollektiven Formationen im Internet akteur- und handlungstheoretisch fassen, einordnen und voneinander abgrenzen lassen und (2), welche Rolle die technologischen Infrastrukturen, in denen sie sich bewegen, hinsichtlich ihrer Formierung, Strukturierung und Aktivität spielen. Diese Fragen lassen sich unseres Erachtens nur im systematischen Rückgriff auf entwickelte soziologische Akteur- und Handlungskonzepte beantworten. Nur über diesen Weg lässt sich auch das Neue kollektiver Formationen, die es in der einen oder anderen Ausprägung auch schon vor dem Internet gegeben hat, herausarbeiten.

Wir beginnen daher mit einer kurzen Durchsicht grundlegender soziologischer Akteurvorstellungen, die wir auf unseren Gegenstand beziehen. Daran anknüpfend unterscheiden wir zwischen zwei wesentlichen Varianten kollektiver Formationen im Internet, die wir als nicht-organisierte Kollektive und als strategiefähige kollektive Akteure bezeichnen. In diesem Zusammenhang diskutieren wir auch, welche Bedeutung die Infrastrukturen des Netzes für deren Herausbildung, Bewegung und Stabilisierung jeweils haben. Schließlich fassen wir zusammen, was unseres Erachtens das genuin Neue kollektiver Formationen im Netz ist: Es besteht in einer so zuvor nicht gekannten Verschränkung nach wie vor unverzichtbarer *sozialer* Konstitutions-, Koordinations- und Institutionalisierungsdynamiken mit den *technischen* Infrastrukturen, die das Internet bietet. Klassische soziale Entstehungs- und Organisierungsmuster kollektiven Verhaltens bzw. Handelns mischen sich systematisch mit eigenständigen technischen Strukturierungsleistungen.

2 Ausgangspunkt: Individuelle, korporative und kollektive Akteure

Um soziale Formationen im Internet, ihre Strukturierung, Organisierung, Leistungsfähigkeit und Handlungsorientierungen einschätzen und aufeinander beziehen zu können, lohnt ein Blick auf vorhandene Akteur- und Handlungskonzepte. In diesem Abschnitt fragen wir danach, welchen heuristischen und analytischen Mehrwert sie für die Untersuchung neuer sozialer Formationen im Web haben (können). Den Ausgangspunkt unserer Überlegungen bilden drei basale Typen sozialer Akteure, die die Realitäten moderner Gesellschaften prägen und sich auch im Web wiederfinden: Individuen, Organisationen und kollektive Formationen verschiedenster Art. Sie zeichnen sich durch jeweils spezifische Wirklichkeitswahrnehmungen und Präferenzen, Handlungsorientierungen und Entscheidungsmodi aus und verfügen zur Verfolgung ihrer Ziele über ebenso spezifische materielle und immaterielle Handlungsressourcen (Scharpf 1997: 51–68). Während individuelle und korporative Akteure recht klar konturierte Einheiten darstellen, sind die hier interessierenden kollektiven Akteure erheblich heterogener strukturiert (Tab. 1).

2.1 Individuen

Dass Individuen als Akteure intentional und gestaltend handeln können, steht seit langem außer Frage (Schimank 2000: 23–171). Die Handlungsäußerungen und -spielräume individueller Akteure werden natürlich mehr oder minder stark mitgeprägt und beeinflusst von den gesellschaftlichen Zusammenhängen, in denen sie sich bewegen, von sozialen Regeln und Normen, die eingehalten werden sollen, und von spezifischen Rollenerwartungen, die erfüllt werden wollen. Die grundsätzliche Ausrichtung des individuellen Handelns an regulativen, normativen oder kulturellen Institutionen ist unabweisbar, der Konformitätsdruck, dem individuelles Handeln in der Gruppe ausgesetzt ist, in aller Regel hoch, die Nachahmung andernorts beobachteten oder sozial positiv besetzten Verhaltens signifikant.

Gleichwohl erschöpft sich das Handeln individueller Akteure nicht in der schlichten Erfüllung vorgegebener Rollenerwartungen, der strikten Orientierung an geteilten sozialen Normen und Werten oder der bloßen Befolgung klar definierter Regeln, wie dies besonders deutlich in frühen strukturfunktionalistischen Ansätzen formuliert wurde (Durkheim [1885]1970; Parsons 1937; Dahrendorf 1958). Individuen sind durchaus in der Lage, ihre persönlichen und sozialen Umwelten bewusst wahrzunehmen und eigenwillig zu interpretieren, subjektive, oft freilich situationsspezifisch variierende Präferenzen auszubilden, individuelle Handlungsziele zu formulieren, eigenständige Entscheidungen zu treffen und diese auch zu verfolgen (Turner 1978). Handelnde Individuen lassen sich, kurz gesagt, „weder als schiere Konformisten noch als borniert Kalkulateure ihrer Interessen, sondern als mehr oder minder freie, kompetente, kreative und durchaus emotionale Akteure vorstellen" (Ortmann 2003: 133). Stets mischt sich also, individuell höchst verschieden, regelkonformes, -abweichendes und -veränderndes Handeln.

Tab. 1 Idealtypische Eigenschaften von Individuen, Organisationen und Kollektiven

	Individuelle Akteure	Nicht-organisierte Kollektive	Kollektive Akteure	Korporative Akteure
	Bürger, Nutzer, Prosumer	Masse, Schwarm, Menge	Bewegungen, Gemeinschaften	Organisationen
Handlungs-Fähigkeit	auf individueller Ebene	keine eigenständige Strategiefähigkeit	Fähigkeit zu intentionalem und strategischem Handeln oberhalb der beteiligten Individuen	
Handlungs-ressourcen	individuelle Ressourcen	situative Aggregation individueller Ressourcen	kollektive Ressourcen	organisationale Ressourcen
	materiell, kognitiv		rückgebunden an die Beiträge der Teilhabenden	materiell, strukturell, institutionell
Aktivitäts-muster	Individuelles Handeln	kollektives Verhalten	kollektives Handeln	korporatives Handeln
		als Aggregat individueller Handlungen	auf Basis von Konsens, Verhandlung, Abstimmung	auf Basis formal-hierarchischer Strukturen
Entschei-dungs-Modus	individuelle Entscheidungen	keine kollektive Entscheidungs-fähigkeit	strategische Entscheidungen	strategische Entscheidungen
	entlang individueller Präferenzen und Zielsetzungen		abhängig von individuellen Präferenzen der Teilnehmer	abgekoppelt von individuellen Präferenzen der Mitglieder
Stabilität	—	gering	kontextabhängig	hoch

Auch im Internet zeichnen sich individuelle Akteure durch sehr verschiedene Handlungsorientierungen sowie unterschiedlich weit reichende Aktivitäts- und Kreativitätsgrade aus. Sie alle verwenden die erweiterten Handlungsmöglichkeiten, die das Web ihnen bietet, eigenwillig und selektiv. Nur wenige von ihnen greifen dort allerdings aktiv gestaltend in die Entwicklung neuer Techniken, Produkte, Dienstleistungen oder Inhalte ein, leisten substanzielle Beiträge zur Erweiterung der Netzangebote und -infrastrukturen oder zeichnen sich durch gezielt regel- und normabweichendes Verhalten aus.

Die überwiegende Mehrheit individueller Onliner nutzt die ohne ihr Zutun entstandenen neuen Möglichkeiten der Information, der Kommunikation oder des Konsums weitgehend so, wie sie durch die etablierten Anbieter im Web zur

Verfügung gestellt werden. Facebook-User beispielsweise haben sich, wenn sie dort aktiv werden wollen, sowohl auf die technischen Vorgaben als auch auf die dort geltenden sozialen Gepflogenheiten einzulassen, die sie in Gestalt der technischen Rahmensetzungen der Plattform und der Geschäftsbedingungen des Unternehmens zu akzeptieren haben – und sie tun dies oft sehr bereitwillig. Hier entfaltet sich vor allem anderen die verhaltensprägende und regelsetzende Kraft des Internets und seiner Nutzungsmöglichkeiten: Es hat mit all seinen Anwendungen die persönlichen Darstellungsmöglichkeiten, Informations- und Kommunikationspraktiken signifikant erweitert und prägt die individuellen Handlungsorientierungen zugleich wie ein neues institutionelles Setting, das den regulativen Rahmen vorgibt, unter dem gehandelt werden kann und soll. Die Ausrichtung individuellen Verhaltens durch technisch vermittelte Angebote und die dort geltenden sozialen wie technischen Regeln ist bei der Mehrheit der Internetnutzer wesentlich ausgeprägter als deren eigenständige kreative Gestaltung (Busemann 2013: 396; Döring 2010).

Nichtsdestoweniger können auch individuelle Akteure, die das Internet vornehmlich in der Art und Weise nutzen, wie es ihnen angeboten wird, mit ihrem Handeln soziale, politische oder ökonomische Wirkungen erzeugen und Einfluss auf Technisierungsprozesse oder die konkrete Ausgestaltung von Anwendungen nehmen – allerdings nicht als einzelne Personen, sondern erst dann, wenn sich ihre individuellen Präferenzen und Aneignungsformen, Bedenken oder Verweigerungshaltungen zu einem Massenphänomen verdichten, auf das Unternehmen oder die Politik über kurz oder lang reagieren müssen. Dazu zählen marktvermittelte individuelle Konsumentscheidungen ebenso wie nichtmarktliche Tauschprozesse (z. B. Filesharing) oder nichtorganisierter Widerstand gegen neue Angebote oder Werbe- und Datenauswertungspraktiken auf Social-Networking-Plattformen. Ein solches kollektiv gleichartiges Verhalten baut sich weitgehend unkoordiniert auf und lässt sich als „kontingente Kumulation gleichgerichteter, nicht selten diffuser und beeinflussbarer individueller *beliefs*, Problemperzeptionen, Nutzungs- und Konsummuster" beschreiben (Dolata 2003: 33).

2.2 Organisationen

Moderne Gesellschaften sind freilich nicht vorrangig um Individuen strukturiert, sondern werden in erster Linie durch das Handeln von und die Interaktion zwischen formalen Organisationen geprägt und bewegt (March & Simon 1958; Coleman 1974; Perrow 1991). Korporative Akteure wie Unternehmen oder politische und wissenschaftliche Organisationen können erheblich systematischer und verlässlicher als Individuen intentional handeln, zeichnen sich durch formalisierte und situationsübergreifend abrufbare Handlungs- und Entscheidungsroutinen aus und verfügen über die Fähigkeit, im organisationalen Kontext vorhandene Ressourcen zur Verfolgung ihrer Ziele strategisch und dabei mehr oder minder unabhängig von den Präferenzen und Interessen ihrer Mitglieder einzusetzen. Auch sie agieren natürlich vor dem Hintergrund spezifischer ökonomischer, politischer und sozialer Bedingungen, die ihre Tätigkeiten rahmen. Sie sind allerdings weitaus stärker als individuelle Akteure in der Lage, die institutionellen Grundlagen ihres Handelns mit ihren Aktivitäten und unter Einsatz ihrer Ressourcen mitzugestalten (Geser 1990; Mayntz & Scharpf 1995).

Für die Analyse der Organisationsmuster neuer kollektiver Formationen im Web ist die Berücksichtigung klassischer Organisationen und vor allem von Unternehmen in zweierlei Hinsicht relevant: International tätige Großunternehmen sind *erstens* im Online-Kontext die zentralen Träger von technologischen Neuerungen und darauf basierenden Angeboten und sie stellen dort dementsprechend *zweitens* wesentliche kommunikationstechnische Infrastrukturen bereit, auf denen sich individuelle Nutzer wie kollektive Formationen vornehmlich bewegen.

Die fünf derzeit dominierenden Internetkonzerne – Apple, Google, Amazon, Microsoft und Facebook – verfügen über große eigene Forschungszentren und konfrontieren die Internetgemeinde regelmäßig mit neuen Angeboten, die sie selbst oft unter Bedingungen strenger Geheimhaltung entwickelt haben. Sie erweitern ihre eigenen Innovationskompetenzen vornehmlich über extensiv betriebene Kooperations- und Akquisitionsstrategien – wie den Kauf von Flickr durch Yahoo, von YouTube durch Google oder von WhatsApp und Instagram durch Facebook. Sie haben natürlich intensiv die oft volatilen Nutzerpräferenzen und -dynamiken zu reflektieren und zu berücksichtigen, wenn sie gegenüber der Konkurrenz bestehen wollen. Sie verwerten dazu die Daten, die ihnen die User zumeist bereitwillig bereitstellen und sie greifen auch auf die kreativen Potenziale von Prosumern oder Micropreneuren etwa in den App-Stores für Mobile Devices zurück (Dolata & Schrape 2014; Kleemann et al. 2012; Thackston & Umphress 2012). Aber sie verlieren dabei nicht die Kontrolle über ihre Innovations- und Produktionstätigkeit oder ihr Kerngeschäft (Dolata 2015; Dolata & Schrape 2013; Trott & Hartmann 2009; Van Dijck & Nieborg 2009). Auch dort, wo eine größere Zahl von Usern in die Entwicklung von Hard- und Software, Dienstleistungen oder Inhalten eingebunden wird, erfolgt das in den meisten Fällen unter der Regie der anbietenden Großunternehmen, die den orientierenden Rahmen für die nutzerzentrierte (Ko-) Produktion aufspannen, innerhalb dessen Impulse von semi-professionellen Beiträgern aufgegriffen und ausgewertet werden (Papsdorf 2009). Darüber hinaus sind alle genannten Konzerne intensiv in für den Onlinebereich marktzentrale und infrastrukturdefinierende Open-Source-Softwareprojekte involviert – und dies nicht nur als Sponsoren, sondern auch als Arbeitgeber der tragenden Entwickler in diesen Entwicklungsvorhaben (Schrape 2016).

Mit alldem werden die führenden Internetkonzerne zu den wesentlichen Organisationen, welche die infrastrukturellen Grundlagen des Netzes bereitstellen und weiterentwickeln. Typisch für die zentralen Plattformen, auf denen sich individuelle Nutzer und auch viele kollektive Formationen im Netz bewegen, ist die Vorherrschaft einzelner oder weniger marktbeherrschender Unternehmen. Apple und Google dominieren mit ihren Betriebssystemen den Markt für Mobile Devices, Google den Suchmaschinenmarkt und die Internetwerbung, Amazon den Online-Handel, Facebook das Social Networking sowie Apple, Google und Amazon die Distribution digitaler Medieninhalte – und dies nicht regional begrenzt, sondern international. Die Internetkonzerne fungieren damit als regelsetzende Akteure, die das Online-Erlebnis individueller Nutzer prägen, den soziotechnischen Rahmen für deren Bewegung vorgeben und dadurch das auf ihren Angeboten basierende kollektive Verhalten und Handeln maßgeblich mitstrukturieren. Sie werden so, vermittelt über die von ihnen bereitgestellten technischen Infrastrukturen, zu bedeutenden Einflussgrößen der Formierung und Bewegung sozialer Kollektive im Web (siehe dazu auch den *vierten Aufsatz* in diesem Buch).

2.3 Kollektive Formationen

Im weiten Feld zwischen Individuen und Organisationen finden sich schließlich kollektive Formationen verschiedenster Art. Derartige Kollektive können durch sehr unterschiedliche Koordinations- und Bewegungsmuster gekennzeichnet sein und lassen sich nicht umstandslos als soziale Akteure mit geteilten Zielen, Ressourcen und Handlungsorientierungen fassen. Wir werden im Folgenden zwei basale *Typen von sozialen Kollektiven* unterscheiden, die unseres Erachtens auch für das Internet konstitutiv sind.

Erstens sind dies *nicht-organisierte Kollektive*, deren wesentliches Kennzeichen die Aggregation ähnlicher individueller Entscheidungen und Verhaltensweisen ist. Sie verfügen über keinen organisierten und handlungsanleitenden Kern, sondern basieren auf geteilten individuellen Wahrnehmungen, Konsumäußerungen oder Problemperzeptionen, die sich zu massenhaft gleichgerichtetem sozialem Verhalten verdichten können, ohne dass diesem eine kollektive Entscheidung oder Handlungsorientierung zugrunde läge. Herbert Blumer (1939: 187) hat dieses Phänomen bereits Ende der 1930er Jahre auf den Punkt gebracht: „The form of mass behavior, paradoxically, is laid down by individual lines of activity and not by concerted action." Mit solch massenhaftem Verhalten, auch darauf hat Blumer (ebd.) hingewiesen, können durchaus weitreichende soziale Effekte erzielt werden: „A political party may be disorganized or a commercial institution wrecked by such shifts in interest and taste." Derartige Effekte lassen sich allerdings nicht, wie Fritz W. Scharpf (1997: 54) betont hat, der strategischen Entscheidung eines kollektiven Akteurs zuschreiben, sondern resultieren aus den gleichgerichteten Verhaltensentscheidungen individueller Akteure: „The aggregate effect is then a result of individual choices, but it is not itself an object of anyone's purposeful choice." Das heißt: Nicht-organisierte Kollektive handeln nicht als Einheit. Sie sind keine strategiefähigen, rationalen und reflexiven Akteure eigener Art, sondern zeichnen sich durch spontane und volatile Formen *kollektiven Verhaltens* aus.

Wenn sich derart amorphe und eher zufällige soziale Konstellationen zu sozialen Bewegungen oder Gemeinschaften mit bewusst geteilten Zielen, Regeln, Identitätsausprägungen und auch organisatorischen Verstrebungen unterhalb formaler Organisation verdichten, dann kann demgegenüber *zweitens* von *handlungs- und strategiefähigen kollektiven Akteuren* gesprochen werden. Diese schälen sich fallweise aus den Zusammenhängen kollektiven Verhaltens heraus, entwickeln mit der Zeit eine eigene Gruppenidentität, stabilisieren sich über Institutionalisierungsprozesse, welche die Reproduktion von Gruppenstrukturen ermöglichen, differenzieren sich intern zwischen Aktivisten und Mitläufern, bilden entsprechende Einfluss- und Machtasymmetrien aus und werden mit alldem sukzessive auch situationsübergreifend strategie- und mobilisierungsfähig (Marwell et al.1988; Marwell & Oliver 1993; Eder 1993: 42–62, 1990). Kollektive Akteure zeichnen sich stets durch spezifische Formen des Organisierens aus, die sich allerdings von formalen Organisationsformen deutlich unterscheiden, wie Dieter Rucht (1994: 70–98) mit Blick auf soziale Bewegungen sowie Leonhard Dobusch und Sigrid Quack (2011: 177) mit Bezug auf Gemeinschaften herausgearbeitet haben: Sowohl soziale Bewegungen als auch Gemeinschaften

> „sind nicht ‚unorganisiert', denn sie beruhen auf impliziten und expliziten Regeln, ihre Mitglieder teilen ein bewusstes Zusammengehörigkeitsgefühl und sie formieren sich regelmäßig rund um formale organisationale Einheiten. Aber im Unterschied zu formalen Organisationen wird die Mitgliedschaft zu einer Gemeinschaft durch bestimmte Praktiken […] erworben, werden Entscheidungen ohne Bezugnahme auf irgendeine Form rechtlich bindender Regelungen getroffen und gibt es keinen ‚Schatten der Hierarchie'."

Dobusch und Quack (ebd.: 177) bezeichnen dieses typische Organisationsmuster kollektiver Akteure in Abgrenzung zum formalen Organisieren in Organisationen als „organisierte Informalität". Erst dadurch werden entsprechende Formationen überindividuell strategiefähig und lassen sich in den Rang kollektiv handelnder sozialer Akteure heben.

3 Präzisierung I: Nicht-organisierte Kollektive und kollektives Verhalten

3.1 Swarms, Crowds, Publics – Spielarten kollektiven Verhaltens im Netz

Viele der im Online-Kontext diskutierten Formen sich mehr oder weniger spontan bildender Kollektivität (z. B. Swarms, Crowds, Mobs, Shitstorms) sind für die Soziologie im Grundsatz keine neuen Erscheinungen. Eine der ersten systematischen und noch heute inspirierenden Taxonomien kollektiven Verhaltens hat der bereits erwähnte Herbert Blumer (1939) entwickelt, der zwischen drei Ausprägungen differenziert, die fallweise in stabilere und organisiertere Formen kollektiven Handelns übergehen können.

Die nichtorganisierte *Masse (mass)* kann zwar in der Beobachtung entlang bestimmter Kriterien als Aggregat wechselseitig anonymer Individuen beschrieben werden (Scharpf 1997: 53f.). Diese interagieren jedoch nicht bewusst miteinander und bilden insofern auch keine kollektiven Handlungsdispositionen aus. In diese Kategorie fallen etwa die bloßen Nutzer soziotechnischer Infrastrukturen, Rezipienten massenmedialer Angebote, Wähler oder auch Konsumenten, die durch ihre individuellen Auswahlleistungen in der Summe mitunter einen erheblichen Einfluss auf Wirtschaft, Politik oder technologische Entwicklungen nehmen können, ohne dass sie dies als Kollektiv intendieren und bewusst inszenieren:

> „Mass behavior, even though a congeries of individual lines of action, may become of momentous significance. If these lines converge, the influence of the mass may be enormous, as is shown by the far-reaching effects on institutions ensuring from shifts in the selective interest of the mass" (Blumer 1939: 187).

Der durchschlagende Erfolg von Google als präferierter Suchmaschine oder von Facebook als derzeit zentralem Social-Networking-Dienst, der enorme Bedeutungszuwachs des Instant-Messaging-Services Snapchat, die Etablierung der freien Enzyklopädie Wikipedia oder die wirtschaftliche Bedrohung der Medienindustrien durch milliardenfaches Filesharing – all das sind Resultate kumulierter, aber nicht bewusst oder gezielt koordinierter individueller Auswahlentscheidungen und insofern genuine Massenphänomene, die ohne einen organisierenden oder orientierenden Nukleus auskommen.

Die schon eingrenzbarere *Menge (crowd)* verfügt ebenfalls über keine ausgeprägten Koordinationsstrukturen, zeichnet sich aber gegenüber der Masse durch elementare Formen kollektiv gerichteten Verhaltens aus. Dieses bildet sich entlang benennbarer, oft affektiv aufgeladener Ereignisse und entfaltet ein vorübergehendes aufmerksamkeitsbindendes Spannungsfeld, ohne zunächst in festere Formen überzugehen. Blumer (1939: 178) unterscheidet die *casual crowd*, deren Teilhabende ihre Aufmerksamkeit kurzzeitig auf den gleichen Stimulus richten (etwa auf eine Street Performance), die *conventionalized crowd*, deren Teilnehmer aufgrund wiederkehrender Ereignisse (z. B. Fußballspiele in einer Liga) zusammenkommen, die oft religiöse *expressive crowd*, die sich primär durch körperliche Bewegung ausdrückt, sowie die *acting crowd*, deren Teilnehmer sich impulsartig entlang gemeinsamer Ziele ausrichten und, beherrscht von einem sie fesselnden Gegenstand, situativ ihre kritische Distanz aufgeben oder ihre rationalen Handlungsorientierungen zurückstellen. Punktuelle und sich selbstverstärkende Ballungen der Aufmerksamkeit einer Vielzahl individueller Onliner wie das (hundert-)tausendfache ‚liken' eines Beitrags, die clicktivistische Beteiligung an Kampagnen und Crowdsourcing-Prozessen oder ‚shitstorms' als emotional aufgeladene Empörungswellen im Social Web – das sind Crowd-Phänomene par excellence, die sich von der Masse durch elementare Ausprägungen ereignisbezogenen kollektiven Verhaltens abheben, allerdings noch keine dauerhafteren und organisierteren sozialen Formen angenommen haben.

Davon unterscheidet Blumer wiederum die *public*, die er weder als eine allgemeine politische Öffentlichkeit im Sinne von Jürgen Habermas (1962) noch als die ‚following public' eines Prominenten, sondern als *volatile Teilöffentlichkeit* definiert, deren Teilhabende sich aktiv in die Diskussion über ein aktuelles Thema einbringen und ihre unterschiedlichen Ideen oder Lösungsvorschläge austauschen:

> „We refer to the public as an elementary and spontaneous collective grouping because it comes into existence not as a result of design, but as a natural response to a certain kind of situation." (Blumer 1939: 189)

Insofern unterscheidet sich die sich spontan bildende und wieder verflüchtigende *public* von stabilisierten, durch organisatorische oder kulturelle Kernstrukturen charakterisierten Gruppierungen wie Gemeinschaften oder sozialen Bewegungen, die allerdings wiederum das Agenda-Setting in situativen Teilöffentlichkeiten wesentlich mitprägen können (Schrape 2011). Vorübergehende und in sich nicht weiter reglementierte Diskussionsfelder zu viral verdichteten beziehungsweise medial eingeführten Themenstellungen entlang von Hashtags auf Twitter, auf

Social-Networking-Plattformen oder in der allgemeinen Blogosphäre – das sind *publics* im Sinne volatiler Teilöffentlichkeiten.

Alle drei hier skizzierten Varianten kollektiven Verhaltens zeichnen sich im Gegensatz zu Phänomenen kollektiven Handelns durch ihre Volatilität und Spontanität sowie durch das Fehlen distinkter Koordinations- und Identitätsstrukturen aus, die über den konkreten Moment hinausgehen. Sie werden geprägt durch eine *situative Formierung des Kollektiven*, das sich nach dem Ereignis zumeist ebenso schnell wieder verflüchtigt wie es entstanden ist. Blumer hebt hervor, dass erst dann von Phänomenen sozialer Ordnung gesprochen werden kann, wenn sich diese durch ein geteiltes Set an handlungsprägenden Erwartungen und Koordinationsstrukturen auszeichnen – und diese Kriterien treffen auch im Online-Bereich weder auf *masses* noch auf *crowds* oder *publics* zu. Allerdings können derartige Ausprägungen elementarer Kollektivität fallweise am Beginn eines soziales Ordnungsprozesses stehen, der in stabilere Formen einmünden kann: „As the interaction between people continues, collective behavior secures form and organization." (Blumer 1939: 221)

3.2 Grundlagen kollektiven Verhaltens: Infrastrukturen des Kollektiven

Mit diesen klassischen Differenzierungen kollektiven Verhaltens lassen sich in einem ersten Anlauf auch nichtorganisierte soziale Formationen im Netz präziser ein- und voneinander abgrenzen als mit analytisch sehr unscharfen Verweisen auf „fluid social networks" (Bennett & Segerberg 2012: 748). Damit ist aber keineswegs bereits alles gesagt. Zwei Aspekte, die in unserem Zusammenhang von besonderer Relevanz sind, thematisiert Blumer nicht: die konstitutive Bedeutung von Infrastrukturen für die Entstehung, Ausrichtung und situationsübergreifende Reproduzierbarkeit kollektiven Verhaltens im Allgemeinen und die kollektives Verhalten befördernden und strukturierenden Qualitäten von Technik im Besonderen. Bei Blumer gibt es nur unmittelbare und weitgehend kontextfreie Situationen, in denen sich kollektives Verhalten spontan und voraussetzungslos entwickelt.

Die hier skizzierten Ausprägungen kollektiven Verhaltens entstehen und prozessieren allerdings nur scheinbar voraussetzungsfrei. Sie basieren auf dem Vorhandensein von Infrastrukturen – sozialen, materiellen und technischen Arrangements, die gleichgerichtetes individuelles Handeln und dadurch entstehendes kollektives Verhalten oft erst ermöglichen, koordinieren und bis zu einem gewissen Grad auch prägen und kontrollieren. Wir bezeichnen diese ermöglichenden und strukturierenden Grundlagen kollektiven Verhaltens im Anschluss an Urs Stäheli (2012) als *Infrastrukturen des Kollektiven*.

Das ist mit Blick auf das Internet ausgesprochen wichtig. Ausprägungen individuellen wie kollektiven Verhaltens sind hier in hohem Maße technisch vermittelt und basieren auf der massenhaften, durchaus eigenwilligen Nutzung der vorhandenen technischen Möglichkeiten und Infrastrukturen, die das Netz bietet – insbesondere auf denen der stark frequentierten Plattformen von Social-Networking- und Messaging-Diensten:

- Erstens haben sie *ermöglichende Eigenheiten*. Die verschiedenen Netzplattformen erweitern die Optionen der Informationsbeschaffung, erleichtern die wechselseitige Beobachtung des Verhaltens fremder Individuen, erhöhen die Interaktivität und Geschwindigkeit kollektiver Kommunikations- und Austauschformen und ermöglichen ortsungebundene kollektive Abstimmungsprozesse ohne größeren Aufwand. All dies erleichtert die situative Formierung nicht-organisierter Kollektive und erweitert deren Aktivitätsradius.
- Zweitens entwickeln sie *koordinierende und regelsetzende Eigenheiten*. Mit ihren vorgegebenen und reproduzierbaren Anwendungen, Funktionen und Nutzungsbedingungen, die wie technisch vermittelte soziale Ordnungsmuster wirken, tragen die Netzplattformen auch zur Strukturierung nicht-organisierter Kollektive und kollektiven Verhaltens bei. Diese Strukturierungs- und Koordinationsleistungen, die jede Plattform im Internet bietet, können von Kollektiven durchaus unterschiedlich genutzt werden, werden von ihnen aber nicht selbst entwickelt oder kontrolliert (Van Dijck 2013; Gillespie 2014).
- Drittens eröffnen die Netzinfrastrukturen grundlegend neue Möglichkeiten *sozialer Kontrolle*. Die Bewegungsprofile nicht-organisierter Kollektive und die Ausprägungen kollektiven Verhaltens lassen sich mit ihnen erheblich exakter und effektiver observieren, auswerten und positiv wie negativ sanktionieren als dies zuvor möglich war (Fuchs 2012; Smythe 2006) – sowohl durch die privatwirtschaftlichen Betreiber der Plattformen als auch durch staatliche Nachrichtendienste, die die Aktivitäten der Onlinenutzer ebenfalls nahezu lückenlos beobachten (Andrejevic & Gates 2014; Lyon 2014).

Ermöglichung, Koordination und Kontrolle – das sind die ambivalenten Effekte der technischen Infrastrukturen des Netzes und seiner Plattformen auf die Formierung und Bewegung nicht-organisierter Kollektive. Sie stellen nicht nur, wie eingangs erwähnt, „technological tools that fundamentally enhance connectivity among people" (Bimber et al. 2012: 3) bereit, sondern bieten – dies wird gerne übersehen – zugleich verhaltensstrukturierende Leistungen an und machen kollektives Verhalten auf neue Weise observier- und auswertbar. Die technischen Infrastrukturen des Internets wirken damit wie soziale Institutionen, da sie ähnlich wie Gesetze,

Vorschriften, Verhaltensnormen oder Werte individuelles Handeln und kollektives Verhalten nicht nur ermöglichen, sondern auch strukturieren und kontrollieren und von den Nutzern nicht einfach ignoriert oder hintergangen werden können, sofern sie mitspielen wollen (Dolata & Werle 2007: 21f.; Orwat et al. 2010).

Wie weit reichen die Strukturierungs- und Koordinationsleistungen technologischer Infrastrukturen im Web? Können nicht-organisierte Kollektive ohne die Herausbildung organisierender Kernstrukturen und eigener sozialer Organisationsleistungen – einzig durch die Zwischenschaltung verhaltensstrukturierender kommunikationstechnischer Plattformen – über die reine Aggregation individuellen Handelns hinauswachsen und kollektiv handlungsfähig werden? Die Arbeiten von W. Lance Bennett, Alexandra Segerberg und Bruce Bimber (Bennett & Segerberg 2013, 2012; Bimber et al. 2012) und angrenzende Fallstudien (z. B. Anduiza et al. 2014) legen genau das nahe. Sie argumentieren in Abgrenzung zu Mancur Olsons (1965) *logic of collective action*, der die konstitutive Bedeutung von anreizsetzenden und koordinierenden Organisationen für die Herausbildung kollektiven Handelns betont hat, dass die traditionelle Rolle von formalen Organisationen nun fallweise durch „digital media as organizing agents" übernommen werden könne und nennen das *logic of connective action*:

> „Connective action networks are typically far more individualized and technologically organized sets of processes that result in action without the requirement of collective identity framing or the levels of organizational resources required to respond effectively to opportunities." (Bennett & Segerberg 2012: 752, 750)

Obgleich damit ziemlich exakt das beschrieben wird, was wir unter nicht-organisiertem kollektivem Verhalten fassen, überzeugt uns die Argumentation in zweierlei Hinsicht nicht. *Erstens* sind die allgemein verfügbaren technischen Infrastrukturen, auf denen der Großteil individuellen Handelns und kollektiven Verhaltens im Internet basiert, nicht einfach da. Es handelt sich bei ihnen vielmehr – dies wird ebenfalls gerne übersehen – um hochkomplexe, organisations- und kostenintensive technische Systeme, die von wenigen klassischen Organisationen, insbesondere von den Kernunternehmen des Netzes, konzipiert, angeboten, betrieben und gewartet werden. Diese kanalisieren durch zum Teil deutlich über rein technische Merkmale hinausgehende und in die Technik eingeschriebene soziale Regelsetzungen kollektives Verhalten, setzen im Sinne des *incentive engineering* Anreize für bestimmte Verhaltensweisen und fördern spezifische Spielarten der Kommunikation, während sie andere erschweren (Dickel 2013; Gerlitz 2011). Die Technik selbst übernimmt also nur vorderhand jene Koordinations- und Strukturierungsleistungen, die kollektives Verhalten im Internet ermöglichen. Tatsächlich sind es vor allem Unternehmen und damit wiederum klassische Organisationen, die gewissermaßen hinter dem Rücken der Kollektive jene Leistungen erbringen, auf deren Grundlage sich nicht-organisiertes kollektives Verhalten im Web überhaupt entfalten oder stabilere Formen annehmen kann – und übernehmen damit technisch vermittelte soziale Ordnungsfunktionen.

Zweitens erscheint es uns empirisch evident, dass der Übergang von nicht-organisierten und flüchtigen Kollektiven zu handlungsfähigen kollektiven Akteuren auch im Internet regelmäßig mit eigenständigen *sozialen* Strukturbildungs- und Ausdifferenzierungsprozessen und der Herausbildung distinkter organisatorischer Absicherungen des Handelns einhergeht. Gerade die von Bennett und Segerberg (2012: 752) angeführten Beispiele für *connective action* – Open-Source-Software-Communities, Wikipedia oder WikiLeaks – zeichnen sich nicht durch allein technisch vermittelte und ansonsten organisationslose Strukturen aus, sondern verfügen über das, was Dobusch und Quack (2011) als organisierte Informalität beschrieben haben: Über nicht einfach nur auf allgemein verfügbare technische Infrastrukturen zurückgreifende soziale Akteure und Kerngruppen, die kollektives Handeln im Rahmen einer identitätsstiftenden und geteilten Regeln folgenden Gemeinschaft oder Bewegung sowohl technisch als auch sozial eigenständig organisieren und strukturieren (Berdou 2011; Stegbauer 2009).

4 Präzisierung II: Kollektive Akteure und kollektives Handeln

4.1 E-Communities und E-Movements – Varianten kollektiven Handelns im Netz

Dies wird deutlich, wenn der Blick auf situationsübergreifend stabilisierte soziale Formationen wie Interessengemeinschaften (*communities of interest*) und soziale Bewegungen (*social movements*) gerichtet wird. Auch derartige Formationen gab es bereits vor dem Internet und auch sie stehen seit langem unter sozialwissenschaftlicher Beobachtung.

Eine erste Fassung von Communities jenseits von verwandtschaftlich oder lokal verankerten klassischen Gemeinschaften (Tönnies 2005) wurde durch George Hillery (1955) erarbeitet und in den nachfolgenden Jahrzehnten zu der Vorstellung der *Communities of Interest* verdichtet, die sich nicht mehr zwangsläufig durch räumliche oder freundschaftliche Bindungen, sondern durch bewusst geteilte und auf ein spezifisches Thema fokussierte Wirklichkeitssichten und Zielsetzungen auszeichnen (Gläser 2006; Adler 1992). Solche Interessengemeinschaften basieren zwar auf keiner expliziten hierarchischen Ordnung, wie sie durch Organisationen repräsentiert wird, und sie verfügen auch nicht über formalisierte Mitgliedschaften oder bindende Regelungen der Zusammenarbeit. Gleichwohl bilden sich im Laufe ihrer Entwicklung regelmäßig institutionelle Elemente wie Konventionen, Werte, Normen oder Wissensstrukturen heraus, die das Verhalten ihrer Mitglieder prägen, in der Selbst- bzw. Fremdbeobachtung die Grenzen der Community markieren und identitätsstiftend wirken. Überdies schälen sich mit der Zeit spezifische Koordinationsmuster und Hierarchisierungen heraus, die das gemeinsame Handeln stabilisieren (Cross 2013; Knorr-Cetina 1999).

Das Internet bietet eine ideale Spielfläche für derartige Interessengemeinschaften, da die ortsungebundene Koordination bzw. Kollaboration durch die erweiterten Kommunikationsmöglichkeiten, die es bietet, deutlich vereinfacht wird. Insofern haben sich nicht zuletzt im Open-Source- und Open-Content-Bereich vielfältige Varianten von Online-Communities herausgebildet. Das sind zum Beispiel epistemische Gemeinschaften, die Haas (1992) als „network of professionals with recognized expertise and competence in a particular domain" beschrieben hat, oder Communities of Practice, deren Teilnehmer mit ähnlichen (beruflichen) Aufgaben befasst sind (Wenger 1998). Dazu gehören zudem subversive Communities (Flowers 2008), die technische Infrastrukturen für den illegalen Austausch von Produkten bereitstellen (z. B. The Pirate Bay) oder politische Ziele jenseits legaler Strukturen verfolgen (z. B. WikiLeaks). Das können aber auch Brand Communities sein, die durch ein markenbezogenes Zusammengehörigkeitsgefühl und zweckrationale Bedürfnisse geprägt sind (Fournier & Lee 2009). Ihre übergreifenden Kennzeichen bestehen in einer über Ad-hoc-Aktivitäten deutlich hinausgehenden thematischen Fokussierung sowie der sukzessiven Institutionalisierung einer Gruppenidentität mit geteilten Grundsätzen, Konventionen und Regeln unter den aktiven Gemeinschaftsteilnehmern, die ohne den Unterbau ausgeprägter formal-hierarchischer Organisationsstrukturen Projekte verschiedenster Art betreiben (Mayntz 2010).

Ähnlich wie Interessengemeinschaften, die sich auf kollaborative Arbeits- und Produktionszusammenhänge konzentrieren, zeichnen sich auch *soziale Bewegungen*, deren wesentliches Kennzeichen kollektiver Protest ist, nicht durch trennscharfe Grenzziehungen aus. Sie werden nicht durch formelle Mitgliedschaft zusammengehalten, verfügen nicht über verbindliche und einklagbare Regeln und sind auf permanente Abstimmungsprozesse zwischen den Teilnehmern angewiesen (DellaPorta & Diani 2006; McAdam & Scott 2005). Ähnlich wie Gemeinschaften agieren aber auch soziale Bewegungen nicht struktur- und organisationslos. Charles Tilly und James Rule (1965) haben sich schon früh dafür interessiert, wie aus geteilten Wert- und Veränderungsvorstellungen zielgerichtetes kollektives Handeln erwachsen kann und haben dabei neben politischen Opportunitätsstrukturen die organisierenden Kerne sozialer Bewegungen in den Blick gerückt, da diese in der Mobilisierung von Ressourcen, in der Genese von Identitätsbildern, in der Steuerung des Protests und in der Akquisition von Teilnehmern ihres Erachtens eine zentrale Rolle spielen. Auch Dieter Rucht (1994: 87) hat betont, dass soziale Bewegungen auf Organisation angewiesen sind und die Spezifika des dortigen Organisierens präzisiert:

> „Organisation heißt in diesem Fall, Planungs- und Entscheidungsstrukturen aufzubauen, Kommunikationswege zu etablieren und informelle, motivationale, materielle und kulturelle Ressourcen zu sammeln, die insbesondere im Konflikt mit externen Gruppen benötigt werden."

Wie in Gemeinschaften geht im Falle sozialer Bewegungen zunehmende Organisiertheit in aller Regel mit interner Ausdifferenzierung einher – mit meinungsbildenden Aktivisten und koordinierenden Kernstrukturen auf der einen und einem weiten Umfeld aus mobilisierungsfähigen Sympathisanten auf der anderen Seite (Eder 1990, 1993).

Mit Blick auf Veränderungen, die das Internet auf die Organisierungs- und Mobilisierungsmuster sozialer Bewegungen ausüben könnte, wurden zunächst recht unterschiedliche Perspektiven vertreten: Am einen Ende des Spektrums entwickelte sich die Vorstellung, dass die neuen Medien die Koordinationsstrukturen sozialer Bewegungen fundamental verändern, da sie die Transaktionskosten für gemeinsames Engagement verringern, diese daher nicht mehr als Teilnahmehemmnis wahrgenommen werden und sich dadurch die Notwendigkeit eines organisierenden Kerns zur Massenmobilisierung auflöst (Bimber et al. 2005). Am anderen Ende wurde dagegen die deutlich zurückhaltendere Einschätzung vertreten, dass sich durch die effizienteren Kommunikationsmöglichkeiten nicht die Qualität, sondern vornehmlich der Aufwand für die Organisierung von klassischen Protestformen verringern würde (Rucht 2005). Jennifer Earl und Katrin Kimport (2011: 12) haben demgegenüber hervorgehoben, dass je nach Kontext beide Effekte eintreten können und zwischen drei Formen onlinegestützter Bewegungen unterschieden: In *e-mobilizations* wird das Netz vornehmlich als Instrument genutzt, um die Koordination von Offline-Protesten zu vereinfachen (z. B. Demonstrationen); in *e-movements* erfolgen sowohl die Organisation des Protests als auch der Protest selbst online (z. B. Website-Blockaden); *e-tactics* schließlich kombinieren Online- und Offlinekomponenten (z. B. im Kontext von Petitionen). In der Realität lassen sich diese idealtypischen Ausprägungen jedoch nicht immer eindeutig voneinander unterscheiden, da Online- und Offline-Proteste häufig ineinander übergehen, wie es im Kontext der Occupy-Bewegung oder den spanischen Indignados der Fall war (Anduiza et al. 2014; Thorson et al. 2013; Earl et al. 2013).

4.2 Grundlagen kollektiven Handelns: Institutionalisierung des Kollektiven

Bei aller Heterogenität und Unterschiedlichkeit lassen sich für Interessengemeinschaften wie für soziale Bewegungen drei wesentliche Merkmale identifizieren, die sie von volatilen nicht-organisierten Kollektiven unterscheiden und in den Rang handlungsfähiger kollektiver Akteure heben: (1) Institutionalisierungsdynamiken, die kollektives Handeln auf der Basis eigener, vornehmlich informeller Regeln, Normen und Organisierungsmuster ermöglichen, strukturieren und stabilisieren; (2) die Herausbildung einer eigenen kollektiven Identität, die als Programmatik oder Leitorientierung handlungsorientierend wirkt und die Aktivitäten nach außen abgrenzt; sowie (3) interne Differenzierungsprozesse, in denen sich mit der Zeit organisierende Kerne und meinungsführende Aktivisten mit umliegenden Peripherien aus unterstützenden Teilnehmern herauskristallisieren. Während sich nicht-organisiertes kollektives Verhalten auf der Grundlage von allgemein verfügbaren Infrastrukturen des Kollektiven entwickelt, ist für kollektive Akteure und kollektives Handeln also eine sukzessive *Institutionalisierung des Kollektiven* typisch, die in eigenständigen Organisierungs- und Strukturierungsleistungen der Gemeinschaft oder der Bewegung ihren Ausdruck findet.

Derartige Institutionalisierungsdynamiken, die mit der Entstehung, Verstetigung und Etablierung jeder Gemeinschaft und jeder Bewegung einhergehen, sind traditionell als rein oder vornehmlich soziale Prozesse konzipiert und analysiert worden – als Herausbildung sozialer Regeln, sozialer Identitäten, sozialer Organisierungsmuster und sozialer Differenzierungen. Die Rolle und Bedeutung technischer Infrastrukturen für die Institutionalisierung kollektiver Akteure und kollektiven Handelns ist dagegen bis vor wenigen Jahren allenfalls am Rande wahrgenommen worden (Hess et al. 2007; Davis et al. 2005). Das ist der damit befassten Forschung auch gar nicht vorzuwerfen: Es war lange Zeit einfach nicht notwendig, sich mit solchen Dingen auseinanderzusetzen.

Mit dem Internet hat sich das signifikant geändert. Vieles, was Bewegungen und Gemeinschaften auszeichnet, hat sich mittlerweile dorthin verschoben: kollektive Meinungsbildung und Abstimmung, politische Kampagnen und Mobilisierung, Organisierung und Koordination der Aktivitäten, fachlicher Austausch und gemeinschaftliche Produktion. Die genannten *sozialen* Merkmale der Institutionalisierung kollektiver Akteure werden dadurch zwar nicht außer Kraft gesetzt. Sie werden allerdings substanziell erweitert um neue Organisierungs- und Strukturierungsleistungen von Kommunikation, Produktion und Protest, die das Internet und seine Plattformen als *technologische* Infrastrukturen bieten. Dementsprechend lässt sich die Institutionalisierung des Kollektiven heute nicht mehr als rein sozialer, sondern nur noch als *soziotechnischer* Prozess auf angemessene Weise abbilden: als systematische Verschränkung von sozialen und technischen Organisierungs- und Strukturierungsleistungen, deren Zusammenspiel allerdings von Fall zu Fall erheblich variiert (Tab. 2; siehe dazu auch den *zweiten und dritten Aufsatz* in diesem Buch).

Tab. 2 Formen sozialer Bewegungen und Gemeinschaften im Online-Kontext

	Kennzeichen	Online-Bezug
‚Klassische' soziale Bewegungen z. B. *Proteste gegen ACTA (2012) oder gegen TTIP (*2014)*	Thematisch fokussierte Protestaktionen; getragen durch bereits etablierte Kernakteure	Ergänzende Nutzung vorhandener Plattformen zur Koordination, Mobilisierung
Lose gekoppelte Bewegungen z. B. *Occupy (USA 2011); 15-M (Spanien 2011); Umbrella (Hong Kong 2014)*	Allgemein gehaltene Dachidentität; Organisation der Straßenproteste durch meinungsführende Aktivisten	Etablierte Webplattformen werden intensiv zur Kommunikation genutzt
Online-affine Themengeneralisten z. B. *MoveOn.org (*1998); Campact (*2004); Avaaz (*2007)*	Breites Spektrum unterschiedlicher politischer Aktivitäten; organisiert durch ein kleines Kernteam	Organisation und Mobilisierung über eine Vielzahl medialer Kanäle
Elitär strukturierte Gruppierungen z. B. *Wikileaks (*2006); The Pirate Bay (*2003)*	Konzentration auf subversive Aktivitäten; oft hermetisch abgeschlossene Kernstrukturen	Eigene, oftmals nicht öffentlich zugängliche technische Infrastrukturen
Dezentrale Kollektive z. B. *Anonymous (*2004)*	Kein organisierender Kern; Operation durch verteilte Einheiten unter einem gemeinsamen Label, meritokratische Ordnungsmuster	Interne Kohäsion durch eigene Plattformen; öffentliche Kommunikation via Facebook, Twitter etc.
Produktorientierte Gemeinschaften z. B. *Wikipedia (*2001); Open-Source-Communities*	Ausdefinierte kollektive Identitäten, Rollenverteilungen, Partizipations- und Koordinationsstrukturen	Eigene technologische Plattformen zur Kollaboration und Kommunikation

Auch heute gibt es *gut organisierte soziale Bewegungen im eher klassischen Sinne*, die nun in der Mobilisierung von Teilnehmern und in der Koordination ihrer Aktivitäten auch auf Kommunikationsplattformen im Internet zurückgreifen, aber in ihren grundsätzlichen Organisationsmodi und Strukturen signifikante Ähnlichkeiten zu ihren Offline-Pendants aufweisen. Sie werden getragen von einer Reihe als eigenständige Akteure identifizierbarer und kampagnenbezogen kooperierender Aktivisten, Vereine, Nichtregierungsorganisationen und Parteien, die thematisch fokussiert Protestaktionen planen und diese nun offline wie auch online durchführen. In der Regel übernehmen dabei einige der beteiligten Akteure federführend die Organisation und Koordination der Aktivitäten (Earl & Kimport 2011: 147–151). Die Massenproteste gegen das Anti-Counterfeiting Trade Agreement (ACTA) beispielsweise wurden durch eine breite Koalition aus etablierten linken und grünen Parteien, Nichtregierungsorganisationen wie Attac oder Campact, Vereinen wie dem Chaos Computer Club und bekannten Netzaktivisten aus den jeweiligen Ländern koordiniert und öffentlichkeitswirksam vertreten (Losey 2014; Herweg 2013). Auch die deutschen Proteste gegen das Leistungsschutzrecht oder für Netzneutralität gehören in diese Kategorie. Sie wurden entlang einiger eng ineinander verwobener Bezugsorganisationen des politischen Social Webs – z. B. netzpolitik.org, Digitale Gesellschaft e. V. – koordiniert und verfügen mittlerweile über ein stabiles Repertoire an Protagonisten, die als Konsultationsstellen für Politik und Wirtschaft, als Ansprechpartner für die Massenmedien oder als netzpolitische Mobilisierer auftreten (Wendelin & Löblich 2012).

Davon lassen sich *onlineaffine und lose vernetzte Bewegungen* wie das Occupy Movement unterscheiden, die unter einem sehr allgemein gehaltenen identitätsstiftenden Dach Protestaktionen planen und durchführen und zu deren Koordination bzw. Organisierung primär auf bestehende Internetplattformen zurückgreifen, darunter insbesondere auf diejenigen der großen Anbieter wie Facebook, Tumblr oder Twitter (Caren & Gaby 2012; Gerbaudo 2012). Obgleich Social-Web-Dienste hier in weit stärkerem Maße zu zentralen Bezugspunkten der Formierung, Kommunikation und Mobilisierung geworden sind, organisieren sich aber auch solche kollektiven Formationen nicht einfach über die Infrastrukturen des Webs. Auch sie sind, sobald sie sich situationsübergreifend stabilisieren, auf die mobilisierenden und organisierenden Leistungen von meinungsführenden Aktivisten, Gruppierungen oder Organisationen – im Falle von Occupy Wallstreet: der Adbusters Media Foundation – angewiesen, die die konkreten Proteste koordinieren und auf die Straße bringen. Hier wie in vergleichbaren Fällen gilt: „It is combination of local grassroots organizing and web-based information diffusion that has done the trick" (Della Porta & Diani 2006: 155). In solchen Fällen bilden sich, wie sich auch anhand der netzpolitischen Proteste im deutschsprachigen Raum zeigen lässt (Haunss 2013), in durchaus stark technisch vermittelten sozialen Prozessen verstreute, lokal verteilte, informelle und von Aktivisten getragene organisierende Kerne heraus, welche die umliegenden Peripherien mitlaufender Teilnehmer durch die Ausbildung von übergreifenden Koordinationspfaden und Dachidentitäten situationsübergreifend stabilisieren. Technik allein kann das nicht leisten.

Neben diesen Spielarten sozialer Bewegungen gibt es zudem *online-affine Themengeneralisten (issue generalists)*, die sich als Mischform aus politischer Organisation und sozialer Bewegung charakterisieren lassen. Sie initiieren oder unterstützen unterschiedlich ausgerichtete Kampagnen, werben in politischen Wahlkämpfen Gelder für Kandidaten ein und koordinieren eine große Bandbreite weiterer politischer Aktivitäten – von E-Petitionen über klassische Demonstrationsmärsche bis hin zu regelmäßigen Versammlungen. Themengeneralisten wie die US-amerikanische Interessenvereinigung und Kampagnenplattform MoveOn.org, ihre internationale Ausgründung Avaaz oder Campact als deren deutschsprachiges Pendant zeichnen sich durch gut organisierte Kerngruppen und eine weitläufige Peripherie an Unterstützern aus, die fallbezogen über Online-Netzwerke und Mailinglisten mobilisiert werden können. Überdies kommt insbesondere in der Anfangsphase ihrer Initiativen oft auch eine Vielzahl traditioneller Medienkanäle zum Einsatz (Karpf 2012).

Darüber hinaus finden sich im Internet *elitär strukturierte und klar fokussierte Gruppierungen* im Zwischenfeld von Bewegung und Gemeinschaft, die sich durch subversive oder illegale Aktivitäten auszeichnen, dazu eigene technologische Plattformen aufgebaut haben und über kleine, zum Teil hermetisch abgeschottete Kernstrukturen und -akteure mit umliegenden Unterstützernetzwerken verfügen. WikiLeaks beispielsweise kann als eine solche personenzentrierte Gemeinschaft beschrieben werden, die sich um eine demokratischer Einflussnahme kaum zugängliche nichtkommerzielle Organisation gebildet hat, die geheime Dokumente aufbereitet und öffentlich zugänglich macht. Sie wird von Julian Assange als Führungsperson repräsentiert, beschäftigt ein sehr kleines Team von Mitarbeitern, verfügt über einen größeren Pool an Aktivisten und eine Peripherie von Sympathisanten, die in die Entscheidungsprozesse jedoch nicht aktiv eingebunden werden (Roberts 2012; Davis & Meckel 2012).

Demgegenüber lässt sich das international agierende *Hacktivisten-Kollektiv* Anonymous als eher dezentral strukturierte Online-Bewegung charakterisieren, unter deren Dach illegale Cyberattacken unterschiedlichster Art durchgeführt werden. Anonymous verfügt zwar, anders als WikiLeaks, über keinen von allen Beteiligten akzeptierten organisierenden Kern, dafür aber über kleine, für sich jeweils gut organisierte und nicht unbedingt untereinander bekannte Gruppen, die Hackerangriffe durchführen und dann unter dem Label Anonymous öffentlich machen. Sie bilden in diesem Fall verschiedene dezentral organisierende Kerne der Bewegung. Internen Zusammenhalt bieten neben öffentlichen Kanälen wie Twitter vor allem eigene Internetplattformen, auf denen Anonymous-Projekte diskutiert werden. Auch hier haben sich meritokratische Ordnungsmuster und Meinungsführer herauskristallisiert, welche die Kommunikation dominieren und strukturieren (Dobusch & Schoeneborn 2015, 2013; Coleman 2013).

Schließlich gibt es mittlerweile sehr gefestigte und infrastrukturell eigenständige *produktionsorientierte Gemeinschaften* im Open-Content- und Open-Source-Bereich, die nicht nur eigene und offene technologische Plattformen entwickelt haben, auf denen sie arbeiten und kommunizieren. Sie haben überdies eine klar umrissene kollektive Identität ausgebildet und verfügen – inzwischen deutlich oberhalb dessen, was als organisierte Informalität beschrieben worden ist – über eindeutig geregelte und ausdifferenzierte Partizipations-, Arbeits- und Organisationsstrukturen, die durch die Etablierung von assoziierten Organisationen wie der Wikimedia Foundation, der Creative Commons oder der Open Source Initiative gestützt werden. Diese formalen Organisationen sind zwar weit davon entfernt, die Aktivitäten der Beitragenden einer Gemeinschaft direkt steuern zu können. Sie garantieren jedoch die Rahmenbedingungen, unter denen die selbstorganisierten Produktionsprozesse in der Community stattfinden und repräsentieren diese nach außen (Herb 2012; Ahrne & Brunsson 2011). Derartige Produktionsgemeinschaften zeichnen sich, wie sich am Beispiel der Wikipedia zeigen lässt, durch übergreifend koordinierende Kernstrukturen aus, die sich in der Gründung einer eigenen Dachorganisation niedergeschlagen haben, und bilden mit der Zeit überaus strukturierte Formen der Selbstorganisation auf der Arbeitsebene aus – mit klaren Qualitätsnormen, Arbeitsregeln, Kontrollstrukturen und Rollenverteilungen unter den aktiv Beitragenden (Schrape 2016; König 2013; Stegbauer 2009).

Zweierlei fällt nach diesem Überblick soziotechnischer Institutionalisierungsvarianten kollektiver Akteure im Web auf. *Erstens* sind die technischen Infrastrukturen des Internets bei allen Unterschieden im Einzelnen zu einem handlungsorientierenden und -strukturierenden Bezugspunkt sozialer Bewegungen und Gemeinschaften geworden. Die Entstehung und Formierung neuer kollektiver Akteure findet zunehmend über onlinebasierte Kommunikationszusammenhänge statt – ausgehend von zunächst oft kaum mehr als unstrukturierten kollektiven Verhaltensäußerungen, die mit der Zeit in organisiertere Formen kollektiven Handelns übergehen. Das Web ist mittlerweile ein zentraler Ausgangspunkt und Ort, an dem neue und oft ortlos agierende soziale Formationen entstehen.

Auch die Binnenstrukturen sozialer Bewegungen und Gemeinschaften werden zunehmend von den technischen Möglichkeiten im Online-Bereich mitgeprägt. Durch sie eröffnen sich nicht nur niedrigschwellige Möglichkeiten der Beteiligung an kollektiven Aktivitäten und deren Vernetzung, die es zuvor nicht gab. Sie ermöglichen auch eine intensivere wechselseitige Beobachtung der Teilnehmer und erweitern deren Interaktions- und Partizipationsradius. Sie können überdies zur

Transparenz und Kontrolle der Bewegungsaktivitäten beitragen, die in den organisierenden Kernen zusammenlaufen und von ihnen gegenüber den Sympathisanten in kurzem Takt immer wieder neu legitimiert werden müssen. Und sie bilden die zentrale Grundlage und Strukturierung gemeinschaftlicher Arbeits- und Produktionsprozesse, die ohne das Web gar nicht möglich wären. Schließlich eröffnet das Internet auch neue Formen der Außenwirkung kollektiver Akteure. Es erweitert die Möglichkeiten der Skandalisierung von empfundenen Missständen und der Einflussnahme auf die öffentliche Meinungsbildung, erhöht die Sichtbarkeit von Protest und erleichtert dessen Mobilisierung und Vernetzung.

Die Online-Techniken setzen damit aber nicht – das ist der *zweite* Punkt, den wir herausstellen möchten – klassische Formen sozialen Organisierens und Strukturierens außer Kraft. Siobhán O'Mahony und Fabrizio Ferraro (2007: 1100) haben mit Blick auf Open-Source-Communities festgestellt, „that although technology may have changed the ability of groups […] to coordinate efforts over space and time, even the most savvy online communities are not immune to well-known general principles of organizing." Diese Überlegung lässt sich durchaus verallgemeinern. Auch onlinezentrierte soziale Bewegungen und Gemeinschaften durchlaufen im Zuge ihrer situationsübergreifenden Stabilisierung regelmäßig Prozesse der sozialen Institutionalisierung ihrer kollektiven Aktivitäten und greifen dabei auf bekannte Muster zurück – und dies auf mehreren ineinander verschränkten Ebenen:

- Erstens bilden sich mit der Zeit kollektiv akzeptierte soziale *Regeln, Normen und Werte* heraus, die handlungsorientierend wirken und nun oft über Austauschprozesse im Web konkretisiert werden – seien es die Editier- und Exklusionsregeln für Wikipedia-Beiträge oder die kollaborativen Arbeits- und Produktionspraktiken in Open-Source-Communities.
- Zweitens zeichnen sich auch onlinezentrierte Communities und Bewegungen durch die allmähliche Ausformung einer *kollektiven Identität* aus, die sich in einer spezifischen Programmatik, Ideologie oder Leitorientierung niederschlägt, häufig weit über ihren aktivistischen Kern hinausreicht, den motivationalen Bezugspunkt für mitlaufende Teilnehmer bildet, mobilisierend wirkt, kollektives Handeln verstetigt, eine Sinngrenze nach außen konstituiert – und übrigens auch eine Antwort auf die Frage liefert, was individuelle Akteure jenseits nutzenmaximierender Kalküle dazu bringt, ihre „partikularen Interessen im Dienste der Erlangung kollektiver Vorteile […] zu relativieren" (Offe 2008: 70).
- Drittens entwickeln sich zwar sehr verschieden ausgeprägte, aber überall aufspürbare *organisatorische Verstrebungen und Kernstrukturen*, welche die Aktivitäten in onlineaffinen sozialen Bewegungen oder Gemeinschaften anleiten, koordinieren und zum Teil auch kontrollieren. Sie werden im Falle gefes-

tigter kollektiver Akteure im Netz oft über eigenständig betriebene technische Plattformen zusammengehalten, auf denen der Großteil der Kommunikation, Meinungsbildung und konkreten Arbeit stattfindet.

- Viertens bilden sich damit einhergehend regelmäßig mehr oder minder ausgeprägte soziale *Einfluss- und Machtasymmetrien* heraus, die sich aus internen Ausdifferenzierungsprozessen ergeben. Auch onlinezentrierte Bewegungen und Gemeinschaften zeichnen sich durch aktivistische Kerne aus, die für den Großteil der Strukturierungsleistungen und des Outputs verantwortlich sind, sowie eine zahlenmäßig weit größere Peripherie an Teilnehmern und Sympathisanten, welche die Zielsetzungen der Formation unterstützen und themen- bzw. projektbezogen mobilisierungsfähig sind (Pentzold 2011; Gamson 2004; Oliver et al. 1985).

Das Internet führt also keineswegs zu einer Disintermediation genuin sozialer Organisierungs- und Strukturierungsleistungen, wie dies bisweilen vermutet wird. Stattdessen vermischen sich klassische soziale Organisierungsmuster und Institutionalisierungsdynamiken von kollektiven Akteuren mit technischen Strukturierungsleistungen auf neuartige Weise. Die Genese überindividueller Intentionalität, die Herausbildung einer kollektiven Identität sowie die Entwicklung von informell abgestimmten Regeln und Koordinationsstrukturen, die situatives und spontanes kollektives Verhalten in situationsübergreifend verstetigtes kollektives Handeln überführen, bleiben genuin soziale Prozesse, die durch die technischen Eigenheiten des Netzes unterstützt werden können, allerdings weit mehr als nur handlungsfördernde technologische Infrastrukturen benötigen, die andernorts bereitgestellt werden. Ohne zielgerichtete soziale Institutionalisierungsdynamiken bleiben spontan emergierende Kollektivitäten und Bewegungen in den meisten Fällen ein Strohfeuer und verlieren schnell wieder an Einfluss – das lässt sich nicht zuletzt mit Blick auf Occupy Wallstreet und den sogenannten ‚Arabischen Frühling' zeigen (siehe dazu auch den *zweiten Aufsatz* in diesem Buch).

5 Die soziotechnische Formierung und Institutionalisierung des Kollektiven

Die hier thematisierten Swarms, Crowds, Teilöffentlichkeiten, Gemeinschaften und Bewegungen zeichnen sich nicht nur durch signifikant verschiedene Aktivitätsgrade und Einflussmöglichkeiten, Handlungsorientierungen und -ressourcen, Organisationsformen und Kommunikationsweisen aus. Auch die Rolle und Bedeutung der technologischen Infrastrukturen des Netzes für ihre Formierung und Bewegung variiert beträchtlich – sie reicht von der schlichten Nutzung andernorts entwickelter und angebotener Plattformen bis zur Herausbildung eigenständiger technisch vermittelter Kommunikations- und Produktionszusammenhänge durch spezifische Gemeinschaften oder Bewegungen. Das führt zu den eingangs gestellten Fragen zurück: Wie lassen sich die unterschiedlichen kollektiven Formationen im Internet akteur- bzw. handlungstheoretisch einordnen bzw. voneinander abgrenzen und welchen Einfluss haben die technologischen Infrastrukturen, in denen sie sich bewegen, auf ihre Entstehung, Strukturierung und Aktivität? Was ist das Außergewöhnliche und tatsächlich Neue an ihnen?

Mit Blick auf ihren Akteurstatus lassen sich zwei *basale Varianten sozialer Kollektive* voneinander abgrenzen, die auch für das Internet konstitutiv sind (*Abb. 1*):

- *Zum einen* sind dies *nicht-organisierte Kollektive* wie Swarms oder Crowds, deren Aktivität durch situative Spontaneität und entsprechende Volatilität gekennzeichnet ist. Sie verfügen über keine eigenen situationsübergreifenden Organisations-, Koordinations- und Entscheidungsstrukturen und lassen sich nicht als eigenständige soziale Akteure fassen, sondern zeichnen sich durch spontane und flüchtige Formen kollektiven Verhaltens aus.
- *Zum anderen* sind dies *strategiefähige kollektive Akteure* wie Gemeinschaften und soziale Bewegungen, die demgegenüber durch situationsübergreifende Institutionalisierungsprozesse geprägt werden, in deren Verlauf sich distinkte Gruppenidentitäten, geteilte Regeln und Ziele sowie koordinierende und organisierende Kernstrukturen herausbilden, auf deren Basis kollektives Handeln möglich wird.

Das Neue, das die kollektiven Formationen im Online-Kontext kennzeichnet, besteht, kurz gesagt, in der signifikant aufgewerteten Rolle, die Technik – oder konkreter: technologische Strukturen und Plattformen im Internet – hinsichtlich der Prägung, Formierung, Bewegung und Organisierung kollektiven Verhaltens bzw. kollektiven Handelns spielen. Sowohl nicht-organisierte Kollektive als auch kollektive Akteure im Web lassen sich nicht mehr, wie das zuvor üblich und auch sinnvoll war, vorrangig mit sozialen Kategorien beschreiben und auf den Punkt bringen, sondern zeichnen sich durch eine enge Verschränkung sozialer und technischer Einflussfaktoren aus.

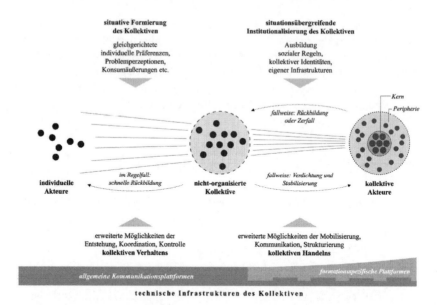

Abb. 1 Formierung und Institutionalisierung des Kollektiven im Netz

Als Infrastrukturen des Kollektiven, die es so zuvor nicht gab, erleichtern die technischen Systeme und Plattformen im Netz nicht nur die situative *Formierung des Kollektiven*, also die spontane Entstehung und Bewegung nicht-organisierter Formationen, und erweitern durch die mit ihnen einhergehende Verringerung der Transaktionskosten und die Steigerung der Austauschgeschwindigkeiten deren Aktionsradius. Durch ihre regelsetzenden Eigenschaften tragen die Kommunikationsdienste im Social Web außerdem erheblich zur Strukturierung und situationsübergreifenden Stabilisierung sowohl kollektiven Verhaltens als auch kollektiven Handelns bei, ermöglichen aber auch ein bislang ungekanntes Maß an Observierbarkeit und sozialer Kontrolle, das durch die zumeist privatwirtschaftlichen Betreiber der Plattformen und die staatlichen Nachrichtendienste intensiv ausgeschöpft wird.

Als handlungsordnender und -orientierender Bezugspunkt leisten die technischen Infrastrukturen im Online-Bereich in Form allgemein verfügbarer oder formationsspezifischer Plattformen darüber hinaus einen wesentlichen Beitrag zur situationsübergreifenden *Institutionalisierung des Kollektiven*. Die durch sie erhöhte Visibilität kollektiver Verhaltens- und Handlungsäußerungen bietet nicht nur einen idealen Nährboden für die Formierung neuer kollektiver Akteure mit niedrigschwelligen Beteiligungsmöglichkeiten. Die Plattformen erweitern überdies auch die Interaktionsmuster zwischen den Teilnehmern, tragen zur Konsolidierung, Organisierung und internen Kontrolle der Aktivitäten von Communities und Bewegungen bei und erleichtern ihre Außenkommunikation sowohl mit Blick auf die Skandalisierung von Missständen als auch auf die Einflussnahme auf die öffentliche Meinungsbildung sowie die Sichtbarkeit und Mobilisierung von Protest.

So unzureichend es einerseits ist, kollektive Formationen im Netz noch in rein sozialen Zusammenhängen zu verorten und mit rein sozialen Kategorien zu analysieren, so problematisch wäre es umgekehrt allerdings auch, die Technik bzw. die technologischen Infrastrukturen als determinierende und alles Soziale aus dem Feld schlagende Einflussgröße kollektiven Verhaltens und Handelns zu überhöhen. Schon die technischen Grundlagen selbst, unter denen kollektiv agiert wird, schälen sich in genuin sozialen Prozessen heraus – sei es als neue allgemeine Angebote und Infrastrukturen, die von den großen Internetkonzernen entwickelt werden, sei es als eigenständig betriebene Plattformen, die im Kontext von Gemeinschaften oder sozialen Bewegungen entstehen und dort weiterentwickelt werden.

Zudem sind alle Netzplattformen, auf denen kommuniziert, organisiert, gearbeitet und mobilisiert wird, nicht einfach *technische* Angebote, die die Nutzer mit ihren Inhalten umgestalten können, wie es ihnen beliebt, sondern weisen zugleich in die Technik eingeschriebene *soziale* Strukturierungsmuster auf. In die technischen Spezifikationen werden immer – nicht nur von kommerziellen Betreibern, sondern auch von Gemeinschaften oder Bewegungen mit eigenen Plattformen – Regeln, Normen und Handlungsorientierungen eingebaut, die auf die dortigen Aktivitäten wie soziale Institutionen wirken und das Handeln ihrer Nutzer in zum Teil sehr rigider Weise (mit-)strukturieren. Schon die Einbettung von Features wie des Trending-Buttons bei Twitter oder der Reactions-Buttons auf Facebook sind nicht einfach technische Spielereien, sondern in Technik eingeschriebene regelsetzende und handlungsorientierende Strukturelemente.

Darüber hinaus können Prozesse der Formierung und Institutionalisierung kollektiver Akteure, die in der Regel als sukzessive Überführung situativen kollektiven Verhaltens in verstetigtes kollektives Handeln Gestalt annehmen, im Netz zwar durch die dortigen kommunikationstechnischen Möglichkeiten nachhaltig unterstützt und mitstrukturiert, aber nicht an die koordinations- und kommunikationsfördernden Eigenheiten der Technik selbst übergeben werden. Die Herausbildung überindividueller Identität und Intentionalität, die Entwicklung kollektiv akzeptierter Normen und Werte, die Erarbeitung informeller Regeln und Koordinationsmuster sowie die Etablierung organisatorischer Strukturen und Rollendifferenzierungen, die sich dann durchaus auch in den Spezifikationen der verwendeten technischen Systeme niederschlagen können, bleiben auch in onlineaffinen Formationen sozial voraussetzungsreiche Prozesse, die durch Technik unterstützt und mitgeprägt, aber nicht durch sie substituiert werden können.

Literatur

Adler, Emanuel (1992): The Emergence of Cooperation: National Epistemic Communities and the International Evolution of the Idea of Nuclear Arms Control. In: *International Organization* 46, 101–145.
Ahrne, Göran / Brunsson, Nils (2011): Organization outside Organizations: The Significance of partial Organization. In: *Organization* 18(1), 83–104.
Andrejevic, Mark / Gates, Kelly (2014): Big Data Surveillance: Introduction. In: *Surveillance & Society* 12(2), 185–196.
Anduiza, Eva / Cristancho, Camilo / Sabucedo, José M. (2014): Mobilization through online social networks: the political protest of the Indignados in Spain. In: *Information, Communication & Society* 17(6), 750–767.
Benkler, Yochai (2006): *The Wealth of Networks: How Social Production Transforms Markets and Freedom*. New Haven: Yale University Press.
Bennett, W. Lance / Segerberg, Alexandra (2012): The Logic of Connective Action. Digital media and the personalization of contentious politics. In: *Information, Communication & Society* 15(5), 739–768.
Bennett, W. Lance / Segerberg, Alexandra (2013): *The Logic of Connective Action: Digital Media and the Personalization of Contentious Politics*. Cambridge: Cambridge University Press.
Bennett, W. Lance / Segerberg, Alexandra / Walker, Shawn (2014): Organization in the Crowd: Peer Production in Large-scale Networked Protests. In: *Information, Communication & Society* 17(2), 232–260.
Berdou, Evangelina (2011): *Organization in Open Source Communities*. New York / London: Routledge.
Bimber, Bruce / Flanagin, Andrew J. / Stohl, Cynthia (2005): Reconceptualizing Collective Action in the Contemporary Media Environment. In: *Communication Theory* 15(4), 365–388.
Bimber, Bruce / Flanagin, Andrew J. / Stohl, Cynthia (2012): *Collective Action in Organizations. Interaction and Engagement in an Era of Technological Change*. Cambridge: Cambridge University Press.
Blumer, Herbert (1939): Collective behavior. In: Lee McClung, Alfred (Eds.): *New outline of the principles of sociology*. New York: Barnes & Noble, 166–222.
Busemann, Katrin (2013): Wer nutzt was im Social Web? In: *Mediaperspektiven* 7/8, 391–399.
Caren, Neal / Gaby, Sarah (2012): Occupy Online: How cute old men and Malcolm X Recruited 400,000 U.S. Users to OWS on Facebook. In: *Social Movement Studies* 11, 367–374.
Castells, Manuel (2012): *Networks of Outrage and Hope: Social Movements in the Internet Age*. Cambridge: Polity.
Coleman, Gabriella (2013): *Anonymous in Context: The Politics and Power behind the Mask*. Internet Governance Papers 3/2013. Waterloo: Centre for International Governance Innovation.

Coleman, James S. (1974): *Power and the Structure of Society*. New York: Norton & Company.
Cross, Mai'a K. D. (2013): Rethinking Epistemic Communities twenty years later. In: *Review of International Studies* 39, 137–160.
Dahrendorf, Ralf (1958): Homo Sociologicus. Versuch zur Geschichte, Bedeutung und Kritik der Kategorie der sozialen Rolle. In: *Kölner Zeitschrift für Soziologie und Sozialpsychologie* 10, 178–208.
Davis, Gerald F. / McAdam, Doug / Scott, W. Richard / Zald, Mayer N. (Eds.) (2005): *Social Movements and Organization Theory*. Cambridge: Cambridge University Press.
Davis, James W. / Meckel, Miriam (2012): Political Power and the Requirements of Accountability in the Age of WikiLeaks. In: *Zeitschrift für Politikwissenschaft* 22, 463–491.
Della Porta, Donatella / Diani, Mario (2006): *Social Movements. An Introduction*. Malden / Oxford / Carlton: Blackwell.
Dickel, Sascha (2013): Im Netz der Selbstreferenz. In: Dolata, Ulrich / Schrape, Jan-Felix (Hrsg.): *Internet, Mobile Devices und die Transformation der Medien*. Berlin: Edition Sigma, 331–356.
Dobusch, Leonhard / Quack, Sigrid (2011): Interorganisationale Netzwerke und digitale Gemeinschaften. Von Beiträgen zu Beteiligung? In: *Managementforschung* 21, 171–213.
Dobusch, Leonhard / Schoeneborn, Dennis (2015): Fluidity, Identity, and Organizationality: The Communicative Constitution of Anonymous. In: *Journal of Management Studies* 52(8), 1005–1035.
Dolata, Ulrich (2003): *Unternehmen Technik. Akteure, Interaktionsmuster und strukturelle Kontexte der Technikentwicklung: Ein Theorierahmen*. Berlin: Edition Sigma.
Dolata, Ulrich (2015): Volatile Monopole. Konzentration, Konkurrenz und Innovationsstrategien der Internetkonzerne. In: *Berliner Journal für Soziologie* 24(4), 505–529.
Dolata, Ulrich / Schrape, Jan-Felix (2013): Medien in Transformation. Radikaler Wandel als schrittweise Rekonfiguration. In: Dolata, Ulrich / Schrape, Jan-Felix (Hrsg.): *Internet, Mobile Devices und die Transformation der Medien. Radikaler Wandel als schrittweise Rekonfiguration*. Berlin: Edition Sigma, 9–36.
Dolata, Ulrich / Schrape, Jan-Felix (2014): App-Economy: Demokratisierung des Software-Marktes? In: *Technikfolgenabschätzung – Theorie und Praxis* 23(2), 76–80.
Dolata, Ulrich / Werle, Raymund (2007): Bringing technology back in. Technik als Einflussfaktor sozioökonomischen und institutionellen Wandels. In: Dolata, Ulrich / Werle, Raymund (Hrsg.): *Gesellschaft und die Macht der Technik. Sozioökonomischer und institutioneller Wandel durch Technisierung*. Frankfurt / New York: Campus, 15–43.
Döring, Nicola (2010): Sozialkontakte online: Identitäten, Beziehungen, Gemeinschaften. In: Schweiger, Wolfgang / Beck, Klaus (Hrsg.): *Handbuch Online-Kommunikation*. Wiesbaden: VS, 159–183.
Durkheim, Emile [1885] (1970): *Regeln der soziologischen Methode*. Neuwied: Luchterhand.
Earl, Jennifer / Kimport, Katrina (2011): *Digitally Enabled Social Change. Activism in the Internet Age*. Cambridge / London: The MIT Press.
Earl, Jennifer / Hurwitz, Heather M. / Mesinas, Analicia M. / Tolan, Margaret / Arlotti, Ashley (2013): This Protest will be Tweeted. Twitter and Protest Policing During the Pittsburgh G20. In: *Information, Communication & Society* 16(4), 459–478.
Eder, Klaus (1990): *Kollektive Akteure zwischen Identitätssuche und Mobilisierungsindustrie. Oder: Wie man kollektive Akteure wieder theoriefähig macht*. Diskussionspapier 3/90. Hamburg: Hamburger Institut für Sozialforschung.

Eder, Klaus (1993): *The New Politics of Class. Social Movements and Cultural Dynamics in Advanced Societies.* London: Sage.
Flowers, Stephen (2008): Harnessing the Hackers: The Emergence and Exploitation of Outlaw Innovation. In: *Research Policy* 37, 177–193.
Fournier, Susan / Lee, Lara (2009): Getting Brand Communities Right. In: *Harvard Business Review* 87, 105–111.
Fuchs, Christian (2012): Dallas Smythe Today. The Audience Commodity, the Digital Labour Debate, Marxist Political Economy and Critical Theory. In: *tripleC* 10, 692–740.
Gaggioli, Andrea / Milani, Luca / Mazzoni, Elvis / Riva, Guiseppe (2013): *Networked Flow. Towards an Understanding of Creative Networks.* New York: Springer.
Gamson, William A. (2004): Bystanders, Public Opinion, and the Media. In: Snow, David / Soule, Sarah / Kriesi, Hanspeter (Eds.): *The Blackwell Companion to Social Movements.* Maldon / Oxford: Blackwell, 242–261.
Gerbaudo, Paolo (2012): *Tweets and the Streets. Social Media and Contemporary Activism.* London: Pluto Press.
Gerlitz, Carolin (2011): Die Like Economy. Digitaler Raum, Daten und Wertschöpfung. In: Leistert, Oliver / Röhle, Theo (Hrsg.): *Generation Facebook. Über das Leben im Social Net.* Bielefeld: Transcript, 101–122.
Geser, Hans (1990): Organisationen als soziale Akteure. In: *Zeitschrift für Soziologie* 19, 401–417.
Gillespie, Tarleton (2014): The Relevance of Algorithms. In: Gillespie, Tarleton / Boczkowski, Pablo / Foot, Kirsten (Eds.): *Media Technologies. Essays on Communication, Materiality, and Society.* Cambridge: MIT Press, 167–194.
Gläser, Jochen (2006): *Wissenschaftliche Produktionsgemeinschaften.* Frankfurt a. M.: Campus.
Graham, Mark / Dutton, William H. (Eds.) (2014): *Society and the Internet. How Networks of Information and Communication are Changing our Lives.* Oxford: Oxford University Press.
Haas, Peter M. (1992): Epistemic Communities and International Policy Coordination. In: *International Organization* 46, 1–35.
Habermas, Jürgen (1962): *Strukturwandel der Öffentlichkeit.* Neuwied: Luchterhand.
Hammon, Larissa / Hippner, Hajo (2012): Crowdsourcing. In: *Business & Information Systems Engineering* 4, 165–168.
Haunss, Sebastian (2013): Enforcement vs. Access: Wrestling with Intellectual Property on the Internet. *Internet Policy Review* 6. http://ssrn.com/abstract=2273772 (1/2017).
Herb, Ulrich (Hrsg.) (2012): *Open Initiatives: Offenheit in der digitalen Welt und Wissenschaft.* Saarbrücken: Universaar.
Herweg, Sarah (2013): *Politische Diskursnetzwerke und der Konflikt um das Anti-Piraterie-Abkommen ACTA.* Papers on International Political Economy 15/2013. Berlin: Arbeitsstelle Internationale Politische Ökonomie der FU Berlin.
Hess, David / Breyman, Seve / Campbell, Nancy / Martin, Brian (2007): Science, Technology, and Social Movements. In: Hackett, Edward / Amsterdamska, Olga / Lynch, Michael / Wajcman, Judy (Eds.): *Handbook of Science and Technology.* Cambridge: MIT Press, 473–498.
Hillery, George A. (1955): Definitions of Community: Areas of Agreement. In: *Rural Society* 20, 111–123.
Hinton, James (1983): *Labour and Socialism: A History of the British Labour Movement 1867–1974.* Brighton: Wheatsheaf.
Howe, Jeff (2006): The Rise of Crowdsourcing. In: *Wired* 14.06. https://www.wired.com/2006/06/crowds/ (1/2017).

Karpf, David (2012): *The MoveOn Effect. Transformation of American Political Advocacy*. Oxford: Oxford University Press.
Kleemann, Frank / Eismann, Christian / Beyreuther, Tabea / Hornung, Sabine / Duske, Katrin / Voß, Günther G. (2012): *Unternehmen im Web 2.0*. Frankfurt a. M.: Campus.
Knorr Cetina, Karin (1999): *Epistemic Cultures*. Cambridge: Harvard University Press.
Kocka, Jürgen (1983): *Lohnarbeit und Klassenbildung. Arbeiter und Arbeiterbewegung in Deutschland 1800–1875*. Berlin: Dietz.
König, Réne (2013): Wikipedia: Between lay participation and elite knowledge representation. In: *Information, Communication & Society* 16, 160–177.
Losey, James (2014): The Anti-Counterfeiting Trade Agreement and European Civil Society: A Case Study on Networked Advocacy. In: *Journal of Information Policy* 4, 205–227.
Lyon, David (2014): Surveillance, Snowden, and Big Data: Capacities, consequences, critique. In: *Big Data & Society* 1(2), 1–13.
March, James / Simon, Herbert (1958): *Organizations*. Cambridge: Blackwell.
Marwell, Gerald / Oliver, Pamela (1993): *The Critical Mass in Collective Action. A Micro-Social Theory*. Cambridge: Cambridge University Press.
Marwell, Gerald / Oliver, Pamela / Prahl, Ralph (1988): Social Networks and Collective Action: A Theory of Critical Mass III. In: *American Journal of Sociology* 94, 502–534.
Mayntz, Renate (2010): Global Structures: Markets, Organizations, Networks – and Communities? In: Djelic, Marie-Laure / Quack, Sigrid (Eds.): *Transnational Communities. Shaping Global Economic Governance*. Cambridge: Cambridge University Press, 37–54.
Mayntz, Renate / Scharpf, Fritz W. (1995): Der Ansatz des akteurzentrierten Institutionalismus. In: Mayntz, Renate / Scharpf, Fritz W. (Hrsg.): *Gesellschaftliche Selbstregelung und politische Steuerung*. New York / Frankfurt a. M.: Campus, 39–72.
McAdam, Doug / Scott, Richard. W. (2005): Organizations and Movements. In: Davis, Gerald F. / McAdam, Doug / Scott, W. Richard / Zald, Mayer N. (Eds): *Social Movements and Organization Theory*. Cambridge: Cambridge University Press, 4–40.
O'Mahony, Siobhán / Ferraro, Fabrizio (2007): The Emergence of Governance in an Open Source Community. In: *Academy of Management Journal* 50(5), 1079–1106.
Offe, Claus (2008): Governance: ‚Empty signifier' oder sozialwissenschaftliches Forschungsprogramm? In: Schuppert, Gunnar F. / Zürn, Michael (Hrsg.): *Governance in einer sich wandelnden Welt*. Wiesbaden: VS, 61–76.
Oliver, Pamela E. /Marwell, Gerald / Teixeira, Ralph (1985): A Theory of Critical Mass. In: *American Journal of Sociology* 91, 522–556.
Olson, Mancur (1965): *The Logic of Collective Action. Public Goods and the Theory of Groups*. Cambridge: Harvard University Press.
Ortmann, Günther (2003): *Regel und Ausnahme. Paradoxien sozialer Ordnung*. Frankfurt a. M.: Suhrkamp.
Orwat, Carsten et al. (2010): Software als Institution und ihre Gestaltbarkeit. In: *Informatik Spektrum* 33, 626–633.
Papsdorf, Christian (2009): *Wie Surfen zu Arbeit wird. Crowdsourcing im Web 2.0*. Frankfurt a. M.: Campus.
Parsons, Talcott (1937): *The Structure of Social Action*. New York: Free Press.
Pentzold, Christian (2011): Vermisste Massen? Digitale vernetzte Medien und die Theorie der kritischen Masse. In: Hartmann, Maren / Wimmer, Jeffrey (Hrsg.): *Digitale Medientechnologien*. Wiesbaden: Springer VS, 99–125.
Perrow, Charles (1991): A Society of Organizations. In: *Theory & Society* 20, 725–762.

Ritzer, George / Jurgenson, Nathan (2010): Production, Consumption, Prosumption. The Nature of Capitalism in the Age of the Digital ‚Prosumer'. In: *Journal of Consumer Culture* 10, 13–36.

Roberts, Alasdair (2012): WikiLeaks: The Illusion of Transparency. In: *International Review of Administrative Sciences* 78, 116–133.

Rucht, Dieter (1994): *Modernisierung und neue soziale Bewegungen. Deutschland, Frankreich und USA im Vergleich*. Frankfurt a. M.: Campus.

Rucht, Dieter (2005): Cyberprotest – Möglichkeiten und Grenzen netzgestützter Proteste. In: Netzwerk Recherche e. V. (Hrsg.): *Online-Journalismus. Chancen, Risiken und Nebenwirkungen der Internet-Kommunikation*. Wiesbaden: Netzwerk Recherche, 11–26.

Scharpf, Fritz W. (1997): *Games Real Actors Play. Actor-Centered Institutionalism in Policy Research*. Boulder: Westview Press.

Schimank, Uwe (2000): *Handeln und Strukturen. Eine Einführung in die akteurtheoretische Soziologie*. Weinheim: Juventa.

Schrape, Jan-Felix (2011): Social Media, Massenmedien und gesellschaftliche Wirklichkeitskonstruktion. In: *Berliner Journal für Soziologie* 21(3), 407–429.

Schrape, Jan-Felix (2016): *Open-Source-Projekte als Utopie, Methode und Innovationsstrategie*. Glückstadt: Hülsbusch.

Smythe, Dallas W. (2006): On the Audience Commodity and its Work. In: Durham, Meenakshi G. / Kellner, Douglas M. (Eds.): *Media and Cultural Studies. Key Works*. London: Blackwell.

Stäheli, Urs (2012): Infrastrukturen des Kollektiven: alte Medien – neue Kollektive? In: *Zeitschrift für Medien-und Kulturforschung* 2, 99–116.

Stegbauer, Christian (2009): *Wikipedia: Das Rätsel der Kooperation*. Wiesbaden: VS.

Thackston, Russell / Umphress, David (2012): Micropreneurs: The Rise of the MicroISV. In: *IT Professional* 3/2012, 50–56.

Thorson, Kjerstin et al. (2013): Youtube, Twitter and the occupy movement. In: *Information, Communication & Society* 16, 421–451.

Tilly, Charles / Rule, James (1965): *Measuring Political Upheaval*. Princeton: Center for International Studies.

Tönnies, Ferdinand [1887] (2005): *Gemeinschaft und Gesellschaft*. Darmstadt: Wissenschaftliche Buchgesellschaft.

Trott, Paul / Hartmann, Dap (2009): Why ‚Open Innovation' is Old Wine in New Bottles. In: *International Journal of Innovation Management* 13(4), 715–736.

Turner, Ralph H. (1978): The Role and the Person. In: *American Journal of Sociology* 84, 1–23.

Van Dijck, José (2013): *The Culture of Connectivity. A Critical History of Social Media*. Oxford: Oxford University Press.

Van Dijck, José / Nieborg, David (2009): Wikinomics and its Discontents: A Critical Analysis of Web 2.0 Business Manifestos. In: *New Media and Society* 11, 855–874.

Wendelin, Manuel / Löblich, Maria (2012): Netzpolitik offline und online. In: Filipovic, Alexander / Jäckel, Michael / Schicha, Christian (Hrsg.): *Medien- und Zivilgesellschaft*. Weinheim: Beltz Juventa, 106–118.

Wenger, Etienne (1998): *Communities of Practice: Learning, Meaning, and Identity*. Cambridge: Cambridge University Press.

Soziale Bewegungen: Die soziotechnische Konstitution kollektiven Handelns

Ulrich Dolata

1 Einleitung

Seit einigen Jahren wird die wissenschaftliche Beobachtung und Analyse sozialer Bewegungen neu formatiert und ausgerichtet. Während die damit befasste Forschung Protestbewegungen lange Zeit als rein soziale Phänomene konzipiert und untersucht hat, sind seither neue technologische Grundlagen und Vernetzungen kollektiven Handelns in den Fokus der Aufmerksamkeit gerückt. Das ist vor allem anderen dem Internet und Social Media Plattformen geschuldet, die zu einem zuvor so nicht gekannten Bestandteil der Entstehung, Organisierung und Mobilisierung von Protest geworden sind. Die Bewegungen des sogenannten Arabischen Frühlings, die Occupy-Proteste, die M15-Aktivitäten der Indignados in Spanien oder die Auseinandersetzungen um den Taksim Gezi Park in Istanbul gerieten schnell zu prominenten Beispielen für diesen Trend. Dabei rückte insbesondere die Rolle von Internetplattformen wie Facebook, YouTube und Twitter bei der Organisierung und Mobilisierung von Protest in den Fokus der Aufmerksamkeit (Mason 2012).

Als symptomatisches und besonders einflussreiches Interpretationsangebot dieser neuen sozialen Bewegungen etablierte sich schnell das von Lance W. Bennett und Andrea Segerberg entwickelte Konzept der *connective action*. Protest entfalte sich, so die Argumentation in nuce, heutzutage erheblich individualisierter und personalisierter als früher und erfordere nicht mehr die Herausbildung handlungsleitender kollektiver Identitäten, starker Führungspersönlichkeiten und konventioneller Organisationsstrukturen. Stattdessen würden Social Media Plattformen ,as organizing agents' wesentliche Funktionen der Koordinierung und Mobilisierung von Protest übernehmen. In dieser Lesart nehmen Technologien, genauer: die technischen Infrastrukturen der digitalen Welt, eine zentrale Rolle ein. Sie ermöglichen nicht nur neue Formen des Protests und senken die Schwelle der individuellen Beteiligung; er soll auch ganz maßgeblich über sie organisiert werden (Bennett & Segerberg 2012a, 2013; auch Bimber et al. 2005).

Diese weitreichende Neuformatierung sozialer Bewegungen entlang mobilisierender und organisierender Eigenheiten digitaler Medien ist nicht unwidersprochen geblieben. Die Nutzung von Social Media habe zwar das Handlungsrepertoire des Protests nachhaltig erweitert. Allerdings seien, so die Gegenargumentation, auch die genannten neuen Bewegungen durch eine Mischung aus Online- und nach wie vor starken Offlineaktivitäten geprägt – etwa durch Strategiebildungs- und Organisationsprozesse vor Ort, lokale Versammlungen, Demonstrationen im öffentlichen Raum und face-to-face Kontakte. Darüber hinaus seien auch sie auf identitätsbildende Prozesse und meinungsbildende Aktivisten angewiesen, wenn sie nicht episodisch bleiben und schnell wieder in sich zusammenfallen sollen (Gerbaudo 2012, 2014; Rucht 2014; Dolata & Schrape 2016).

Egal, als wie tiefgreifend der Einfluss des Internets und seiner Medienplattformen auf soziale Bewegungen interpretiert wird – eines haben die meisten Beiträge zu dieser Kontroverse gemeinsam: Obgleich immer wieder auf ihren handlungsermöglichenden und -erweiternden Charakter hingewiesen wird, bleiben die neuen technischen Verstrebungen des Protests mit all den Regeln und Regulierungen, die in ihr stecken, in weiten Teilen der Diskussion ein blinder Fleck. Internet und Social Media sind als technische Angebote und Infrastrukturen in den meisten Untersuchungen einfach da und werden nicht selten schlicht als anwendungsoffene Werkzeuge begriffen: „Technology is a tool, and therefore it is neutral," heißt es etwa lapidar bei Victoria Carty (2015: 5). In die technischen Arrangements eingeschriebene Nutzungs- und Verhaltensregeln und deren handlungsstrukturierende Wirkungen werden in der Regel ebenso wenig thematisiert wie die Kontexte, in denen sie entstehen und die Akteure, die sie entwickeln und kontrollieren. „Our theory is agnostic about the origins of technology and the processes of social shaping that give rise to it and that influence the uses to which it is put," schreiben dazu beispielsweise Bimber, Flanagin und Stohl (2005: 384).

Vor dem Hintergrund der angedeuteten Kontroverse wird in diesem Kapitel herausgearbeitet, welche Rolle das Internet und insbesondere Social Media für die Entfaltung und Stabilisierung von politischem Protest und sozialen Bewegungen heute spielen. Nach einem konzisen Überblick zur sozialwissenschaftlichen Bewegungsforschung und zum diese herausfordernden Konzept der *connective action* werden zwei Themen in das Zentrum der Argumentation gestellt: Zum einen eine präzisere Bestimmung der technischen Grundlagen kollektiven Verhaltens und Handelns, die Internet und Social Media nicht nur als ermöglichende, sondern zugleich als regelsetzende und handlungsstrukturierende Infrastrukturen mit großer Eingriffstiefe ausweist, und zum anderen die Auslotung des Verhältnisses technischer und sozialer Konstitutionsbedingungen von kollektivem Protest und sozialen Bewegungen in Zeiten digitaler Medien, das als technisch erweiterte Sozialität auf den Begriff gebracht wird. Zum Schluss werden die Kernelemente der nunmehr soziotechnischen Konstitution sozialer Bewegungen zusammengefasst und die Voraussetzungen einer Akteurwerdung des Kollektivs diskutiert. Im Zentrum steht dabei die Frage, wie und wann sich zunächst spontanes und weitgehend unkoordiniertes kollektives Protestverhalten in verstetigtes und strategiefähiges kollektives Protesthandeln transformiert.

2 Soziale Bewegungen: Klassische Einordnungen, neue Zuschreibungen und blinde Flecken

2.1 Collective Action: Klassische soziale Einordnungen und ihre Leerstelle

In westlichen Gesellschaften sind soziale Bewegungen alles andere als ein neues Phänomen. Klassisch zählen dazu die straff organisierten, um distinkte soziale Milieus gruppierten und auf ökonomische Konflikte fokussierten Arbeiterbewegungen, seit den 1960er und 1970er Jahren zudem eher an postmateriellen Werten orientierte und netzwerkartig strukturierte neue soziale Bewegungen wie etwa Bürgerrechts-, Anti-Kriegs-, Anti-AKW-, Ökologie- oder Frauenbewegungen. Auch die damit befasste sozialwissenschaftliche Forschung hat mittlerweile eine lange Tradition. In den USA begann die Beschäftigung mit *social movements* bereits in den 1960er Jahren, im deutschsprachigen Raum lassen sich entsprechende Forschungsschwerpunkte seit Mitte der 1970er Jahre identifizieren (Goodwin & Jasper 2015: 3–12; McAdam & Scott 2005; Rucht 1984). Mittlerweile hat sich das Forschungsfeld international konsolidiert; die dort gewonnenen Erkenntnisse haben sich in einer Reihe von bilanzierenden Handbüchern niedergeschlagen (z. B. Snow et al. 2004a; Davis et al. 2005; Della Porta & Diani 2006, 2015; Goodwin & Jasper 2015).

Mit dieser Konsolidierung hat sich auch eine weithin geteilte Vorstellung davon herausgeschält, was eine soziale Bewegung ausmacht. Ihr wesentliches Kennzeichen ist (1) *kollektiver Protest* gegen empfundene politische, ökonomische oder kulturelle Missstände. Soziale Bewegungen agieren in Konfrontation zu und als Herausforderer herrschender Autoritäten, denen gegenüber sie ihres Erachtens notwendigen sozialen Wandel entweder einklagen oder aus ihrer Sicht inakzeptable Veränderungen verhindern wollen (Snow et al. 2004b). Von sozialen Bewegungen wird in der Regel allerdings erst dann gesprochen, wenn sich die kollektiven Aktivitäten durch (2)

Prozesse *situationsübergreifender Stabilisierung* verstetigen. Damit werden Bewegungen von spontanen Formen kollektiven Verhaltens oder Aufruhrs abgegrenzt, die sich nach einer singulären Aktion wieder verflüchtigen (Tilly & Tarrow 2015: 7–12). „Social movement scholars have argued that contention that only lasts for a few hours or days is too much of a flash in the pan to be a social movement." (Earl & Kimport 2011: 183)

Im Zuge ihrer situationsübergreifenden Stabilisierung bilden sich ebenso regelmäßig (3) spezifische Formen der *sozialen Organisierung* ihrer Aktivitäten heraus. „There is absolutely no question about the fact that social movement activity is organized in some fashion or another." (Snow et al. 2004b: 10) Soziale Bewegungen werden zwar in Abgrenzung zum formalen Organisieren in Organisationen als informelle Netzwerke beschrieben, die nicht durch formelle Mitgliedschaft zusammengehalten werden, nicht über verbindliche und einklagbare Regeln verfügen und auf permanente Abstimmungsprozesse zwischen den Teilnehmern angewiesen sind (Della Porta & Diani 2006: 25–28, 135–162; Den Hond et al. 2015; Ahrne & Brunsson 2011). Sie agieren allerdings keineswegs struktur- und organisationslos, sondern zeichnen sich stattdessen durch variantenreiche Muster „organisierter Informalität" aus (Dobusch & Quack 2011: 177; Dobusch & Schoeneborn 2015), die den internen Zusammenhalt der Bewegung gewährleisten und ihre Außenbeziehungen strukturieren.

> „Organisation heißt in diesem Fall, Planungs- und Entscheidungsstrukturen aufzubauen, Kommunikationswege zu etablieren und informelle, motivationale, materielle und kulturelle Ressourcen zu sammeln, die insbesondere im Konflikt mit externen Gruppen benötigt werden." (Rucht 1984: 87)

Damit verbunden wird (4) betont, dass mit der zunehmenden Organisiertheit und Stabilisierung sozialer Bewegungen immer auch interne Ausdifferenzierungsprozesse einhergehen, die sich als Herausbildung von *Führungspersönlichkeiten und organisierenden Kernstrukturen* auf der einen und einem weiten Umfeld aus mobilisierungsfähigen Sympathisanten auf der anderen Seite konkretisieren. Führung (*leadership*) in Gestalt meinungsbildender und organisierender Aktivisten wird eine entscheidende Rolle für die Entwicklung, Verstetigung und Mobilisierungsfähigkeit sozialer Bewegungen zugeschrieben:

> „It is the leadership which promotes the pursuit of goals, develops strategies and tactics for action, and formulates an ideology. The penetration of the movement in the society, the loyalty and involvement of its members, and the consensus of different social groups all depend upon the leaders' actions." (Melucci 1996: 332–347, hier: 332; Morris & Staggenborg 2004)

Ein letztes wichtiges Merkmal, das soziale Bewegungen kennzeichnet, sie situationsübergreifend stabilisiert und in der Forschung zu neuen sozialen Bewegungen seit den 1980er Jahren intensiv diskutiert wurde, ist die (5) Ausbildung einer *kollektiven Identität*, die ein Wir-Gefühl und eine Handlungsmotivation erzeugt und sich in Form geteilter Deutungsmuster, Werte, Symbole, Programmatiken oder Leitorientierungen konkretisiert. Die kollektive Identität einer Bewegung entwickelt sich aus Interaktionsprozessen zwischen den Teilnehmern, ist angesichts der heterogenen sozialen Milieus, aus denen ihre Teilnehmer kommen, immer fragil und muss beständig erneuert werden, konstituiert Sinngrenzen nach außen und bildet eine wesentliche Grundlage ihrer Mobilisierungsfähigkeit. Darüber hinaus vermag das Konzept kollektiver Identität zu erklären, warum sich Individuen jenseits nutzenmaximierender Kalküle auch dann an Bewegungsaktivitäten beteiligen, wenn sie davon nicht unmittelbar profitieren, materielle Anreize fehlen oder deren Erfolgschancen gering sind (Melucci 1996: 68–86; McAdam et al. 1996; Della Porta & Diani 2006: 89–113).

Protest, situationsübergreifende Stabilisierung, organisierte Informalität, Führung und kollektive Identität – das sind kurz zusammengefasst die wesentlichen Eigenheiten, die die damit befasste Forschung neuen sozialen Bewegungen seit den 1980er Jahren zuschreibt. Diese Eigenheiten sind bis weit in die 2000er Jahre vornehmlich als soziale Zusammenhänge konzipiert und analysiert worden – als Herausbildung sozialer Regeln, sozialer Organisierungsmuster, sozialer Differenzierungen und sozialer Identitäten. Die Rolle und Bedeutung technischer Infrastrukturen für die Entstehung und Institutionalisierung sozialer Bewegungen ist dagegen bis dahin allenfalls am Rande wahrgenommen worden.

Mit dem rasanten Bedeutungszuwachs des Internets ist diese Fokussierung auf soziale Zusammenhänge und Konstitutionsbedingungen zu eng geworden. Einiges, was Bewegungen auszeichnet, hat sich mittlerweile dorthin verschoben: kollektive Meinungsbildung und Abstimmung, Organisierung und Koordination der Aktivitäten, politische Kampagnen und Mobilisierung finden heute auch online statt. Wie weitreichend sind die dadurch angestoßenen Veränderungen? Ändern die weitläufige Nutzung von Internet und Social Media die skizzierten Grundlagen, Organisierungs- und Aktivitätsmuster sozialer Bewegungen in fundamentaler Weise, schält sich also ein neuer Typus von Bewegungen heraus, der von der Nutzung neuer technischer Arrangements und Infrastrukturen geprägt ist und auf den die klassischen Zuschreibungen nicht mehr passen?

2.2 Connective Action: Neue technische Zuschreibungen und ihre blinden Flecken

Ein relevanter Teil der neueren Literatur legt dies nahe. Mit dem Aufschwung der erwähnten Protestwelle zu Anfang der 2010er Jahre ging eine zum Teil radikale Revision der skizzierten Vorstellungen von sozialen Bewegungen einher. Dabei rückten die ermöglichenden Eigenheiten der technischen Infrastrukturen des Internets und der Social Media Plattformen ins Zentrum der Betrachtung, denen weitreichende Effekte auf die Organisierung, Koordinierung und Mobilisierung von kollektivem Protest zugeschrieben werden. Die neuen Bewegungen könnten auf Führungspersonen und die Ausbildung starker kollektiver Identitäten verzichten, zeichneten sich stattdessen durch nichthierarchische und egalitäre Strukturen aus und ließen sich statt durch Bewegungsorganisationen (*social movement organizations*; SMOs) oder organisierende soziale Kerne maßgeblich durch das Netz selbst koordinieren. Das liest sich typischerweise so:

> „The Indignados, the Arab Spring revolutionaries, the Occupy Wall Street participants, and the DREAMers reinforce the declining relevance of existing SMO mobilizing structures, given the recent paradigm shift toward grassroots mobilization, spontaneous operation, leaderlessness, reduced reliance on money, and less labor-intensive approaches." Heutige Kampagnen „tend to rely on decentralized self-organizing and flexible networks made possible through new communication flows and web-based tools." (Carty 2015: 183; stellvertretend für viele andere auch Mason 2012)

Die neuen, individuell und flexibel handhabbaren Online-Technologien passten im Übrigen perfekt zur heutigen Netzwerkgesellschaft, die sich weniger durch stabile soziale Milieus und kollektive Identitäten als durch liquide, fragmentierte und personalisierte Deutungsmuster und Strukturen auszeichne (Castells 2015).

Symptomatisch dafür und im wissenschaftlichen Diskurs besonders einflussreich ist das von W. Lance Bennett und Alexandra Segerberg (2012a, 2012b, 2013; Bennett et al. 2014a, 2014b) entwickelte Konzept der *connective action*, das sich deutlich von der skizzierten Forschung zu sozialen Bewegungen abgrenzt.

> „Connective action networks are typically far more individualized and technologically organized sets of processes that result in action without the requirement of collective identity framing or the levels of organizational resources necessary to respond effectively to opportunities." (Bennett & Segerberg 2013: 32).

In diesem Konzept wird Technik zum Dreh- und Angelpunkt der Neujustierung kollektiven Handelns: „At the core of this logic is the recognition of digital media as organizing agents." (Bennett & Segerberg 2013: 35f.) Damit ist gemeint, dass die (mobilen) Internettechnologien und insbesondere Social Media wie etwa Facebook, Twitter oder YouTube nicht bloß über ein neuartiges kommunikatives, sondern darüber hinaus auch über ein eigenständiges und weitreichendes organisatorisches Potenzial verfügen.

> „To an important degree, information and communication technologies become agents in connective networks, automating and organizing the flow of information and providing various degrees of latitude for peer-defined relationships." (Bennett & Segerberg 2013: 196)

Die technischen Infrastrukturen des Netzes fungieren in dieser Sicht als „*stitching mechanisms* that connect different networks into coherent organization" und sollen so zur Verstetigung neuer onlineaffiner sozialer Bewegungen beitragen (Bennett et al. 2014a: 234). Demgegenüber rücken klassische Organisationsmuster, Führungspersönlichkeiten und organisierende Kernstrukturen sowie die Herausbildung einer kollektiven Identität, Programmatik oder Leitorientierung in den Hintergrund. *Connective action* „does not require strong organizational control or the symbolic construction of a ‚we'." (Bennett & Segerberg 2012a: 748; auch Castells 2015: 246–271; Carty 2015) Die Initiierung und Verbreitung von Protest erfolge stattdessen zunehmend über Social Media Plattformen, auf denen sich, angestoßen von einzelnen Personen, im Idealfall spontane und hierarchielose soziale Netzwerke an individuellen Beteiligten weitgehend ohne den Input und die Strukturierungsleistungen von Bewegungsorganisationen sowie die Sinnstiftungsleistungen kollektiver Identität herausbilden. „Digital media platforms are the most visible and integrative organizational mechanisms." (Bennett & Segerberg 2013: 10–16, 45–52, hier: 13; Bennett et al. 2014a) Man kann dies als *technische* Konstituierung von Kollektivität bezeichnen. Pointiert formuliert: Die Menge muss sich nicht mehr organisieren und in eine Bewegung mit all den genannten *sozialen* Eigenheiten transformieren, um ihre Protestaktivitäten zu verstetigen – das Netz tut das für sie.

Das ist recht kühn und weit geworfen und provoziert natürlich (Nach-)Fragen. Die erste betrifft die *Rolle und Eigenheiten der Technik*, die nicht nur im Konzept der *connective action* einen zentralen Stellenwert bei der Konstituierung neuer Formen von Kollektivität einnimmt. Worin besteht das große und eigenständige koordinierende und organisierende Potential, das den Onlinetechnologien zugeschrieben wird? In der Beantwortung dieser zentralen Frage bleibt das Konzept ausgesprochen diffus und unbefriedigend.

Zwar wird von Bennett, Segerberg und anderen immer wieder darauf hingewiesen, dass das Netz die Optionen der Informationsbeschaffung und -verbreitung erweitert, die wechselseitige Beobachtung des Verhaltens fremder Individuen erleichtert, die Interaktivität und Geschwindigkeit kollektiver Kommunikations- und Austauschformen erhöht sowie die Schwelle der individuellen Beteiligung an politischen oder sozialen Aktivitäten senkt. Damit lassen sich die Onlinetechnologien aber noch nicht als ‚*organizing agents*' charakterisieren, die sich durch eigenständige Strukturierungsleistungen auszeichnen, sondern eher und deutlich niedriger gehängt als konnektivitätserweiternde Infrastrukturen: als neue Angebote der technischen Vermittlung kollektiver sozialer Aktivitäten. Wenn „digital media as organizing agents" begriffen werden sollen – wofür einiges spricht –, dann macht das erst Sinn, wenn die distinkten Eigenheiten der Techniken und Plattformen, um die es geht, herausgearbeitet und deren regelsetzende, koordinierende und kontrollierende Effekte identifiziert werden. Dazu findet sich im Konzept der *connective action* allerdings so gut wie nichts. Technik bleibt dort, sieht man einmal von der Betonung ihrer ermöglichenden Eigenheiten und ihres konnektivitätserweiternden Charakters ab, eine *black box*.

Eine zweite Frage betrifft das *Verhältnis von technischen und sozialen Konstitutionsbedingungen von Kollektivität und Protest* in Zeiten digitaler Medien und des Internets. Reichen zur Verstetigung von Protestaktivitäten heute tatsächlich die der Technik zugeschriebenen konnektivitätsfördernden und organisierenden Eigenheiten aus? Oder ist Protest, der nicht episodisch bleiben soll, auch in Zeiten des Internets auf genuine und mit einigem Aufwand verbundene soziale Strukturierungsleistungen und Institutionalisierungsprozesse angewiesen?

Eine erste Antwort geben Bennett und Segerberg (2013: 1) selbst, indem sie den Geltungsrahmen ihres Konzepts signifikant einschränken.

> „Much contemporary activism still resembles the familiar protest politics of old, with people joining groups, forging collective identities, and employing a broad spectrum of political strategies from street demonstrations and civil disobedience to election campaigning, litigation, and lobbying."

Damit meinen sie soziale Bewegungen, die auch heute noch stark durch das klassische Muster von Bewegungsorganisationen geprägt und zusammengehalten werden und nun das Internet und Social Media ergänzend zur Mobilisierung und Koordinierung ihrer Aktivitäten nutzen. Auch Manuel Castells (2015: 243) weist darauf hin, dass „it is essential to keep in mind that not all contemporary social protests are expressions of this new form of social movement. Indeed, most are not." Damit fällt – das wird gerne übersehen – ein relevanter Teil heutiger sozialer Bewegungen auch nach Meinung ihrer Protagonisten aus dem Geltungsbereich von *connective action* heraus und lässt sich mit dem Konzept nicht angemessen erfassen.

Aber auch mit Blick auf die von ihnen identifizierten neuen Ausprägungen von *connective action* stellt sich die Frage, ob all jene Kerneigenschaften, die stabilerem sozialem Protest und sozialen Bewegungen traditionell zugeschrieben werden –

soziale Organisierung, kollektive Identität, Führung durch meinungsbildende Aktivisten und koordinierende Kerne – durch Internet und Social Media tatsächlich obsolet werden. Von Interesse sind hier vor allem die Übergänge von spontanem, unorganisiertem und maßgeblich über Social Media verbreitetem (Massen-)Protest oder Aufruhr, der sich schon immer durch eine zuerst diffuse und unstrukturierte Kakophonie von Stimmungen, Meinungen und Diskussionen ausgezeichnet hat, zu gerichtetem und verstetigtem kollektivem Handeln. Wann gelingen derartige Übergänge, wann scheitern sie? Was trägt zur Stabilisierung spontaner Massenaktivität bei? Welche Rolle spielen die neuen technischen Infrastrukturen dabei und in welchem Verhältnis stehen sie zu genuin sozialen Prozessen der Strukturierung und Institutionalisierung? Bennett und Segerberg (2013: 201) konzedieren für *connective action networks* zwar eine „capacity, or at least a tendency, to adapt over time", führen auch diesen wichtigen Aspekt der Verstetigung, Strukturierung und Institutionalisierung von Protest aus zunächst situativem und unstrukturiertem kollektiven Verhalten aber nicht weiter aus.

3 Soziale Bewegungen und das Internet: Eingriffstiefe Technik und technisch erweiterte Sozialität

Die Defizite der klassischen Bewegungsliteratur, neue *technische* Konstitutionsbedingungen in ihre Vorstellungen von sozialen Bewegungen zu integrieren, werden durch weite Teile der neueren Literatur zu Social Media und Protest nicht wirklich behoben. Zum einen wird Technik selbst, obgleich sie eine zentrale Rolle spielt und genuin soziale Grundlagen von Kollektivität aus dem Feld schlagen soll, dort in aller Regel nicht genauer spezifiziert und bleibt eine *black box*. Und zum anderen wird das komplexe und dynamische Wechselspiel aus neuen technischen Möglichkeiten und *sozialen* Aktivitäten, das die Entstehung und Stabilisierung, Organisierung und Strukturierung, Skandalisierung und Mobilisierung neuer Protestbewegungen prägt, kaum thematisiert.

An diesen Leerstellen setzen die folgenden Überlegungen an. In einem ersten Schritt werden Internet und Social Media als neue *technische und mediale Infrastrukturen* charakterisiert, die nicht bloß ermöglichende und konnektivitätserweiternde, sondern zugleich regelsetzende und handlungsstrukturierende Eigenheiten haben. Ob, wie und in welchem Ausmaß diese neuen Infrastrukturen genutzt werden, ist natürlich nicht technisch determiniert, sondern das Ergebnis genuin sozialer Selektionsvorgänge. In einem zweiten Schritt werden daher die distinkten Nutzungsmuster von Internet und Social Media im Rahmen von Protestaktivitäten als variantenreiche *Prozesse der sozialen Aneignung und Einbettung* dieser neuen technischen Möglichkeiten in das Handlungsrepertoire von sozialen Bewegungen beschrieben und typisiert. In einem konzeptionell verdichtenden dritten Schritt wird schließlich die Entstehung, Organisierung und Dynamik von Protestbewegungen in Zeiten des Internets als *soziotechnische Konstitution von Kollektivität* gefasst, die sich durch neuartige Verschränkungen sozialer und technischer Strukturierungsleistungen und -muster auszeichnet.

3.1 Eingriffstiefe Technik: Social Media als Infrastruktur und Institution

Protest und soziale Bewegungen entfalten sich nie voraussetzungslos, sondern sind immer eingebettet in spezifische politische, gesellschaftliche und sozialstrukturelle Kontexte, die ihre konkreten Möglichkeiten, Organisationsformen und Aktivitäten mitprägen (Rucht 1984: 291-323; Della Porta & Diani 2006: 193-222). Zu diesen Kontexten gehören auch Infrastrukturen technischer und medialer Art, die von Bewegungen seit jeher mehr oder minder eigenwillig adaptiert und genutzt werden beziehungsweise als Eigenleistungen rund um kollektive Aktivitäten entstehen.

Dazu zählten bis in die 1990er Jahre vor allem das Telefon und die Post als technische Kommunikationsmittel sowie die Massenmedien Fernsehen, Radio und Print als mediale Infrastrukturen, die von Bewegungen zunehmend professionell bedient wurden. Daneben gab es auch Versuche, sich über die Entwicklung alternativer Medienangebote zumindest teilweise aus den Abhängigkeiten von den Veröffentlichungsstrategien und Verwertungslogiken der Massenmedien zu befreien – etwa durch den Aufbau bewegungsaffiner Zeitungen wie der *Libération* in Frankreich (*1973) und der *tageszeitung* in Deutschland (*1978) oder durch frühe Experimente mit selbst produziertem Videomaterial und alternativen Fernsehformaten (Armstrong 1981; Boyle 1992).

Die kommunikationstechnischen und medialen Infrastrukturen, auf die soziale Bewegungen zwischen den 1960er und 1990er Jahren zurückgreifen konnten, blieben in diesem Zeitraum vergleichsweise stabil (Croteau & Hoynes 2014: 294-331). Die markante Zäsur dieser Zeit war ein genuin *sozialer* Wandel: Die Herausbildung und Etablierung eines neuen Typs sozialer Bewegungen, der viel mit sozialstrukturellen Umbrüchen, kulturellen Veränderungen und einer zunehmenden Bedeutung postmaterieller Werte – Umwelt, Bürgerrechte, Frieden oder Gender – und so gut wie nichts mit technischen Neuerungen welcher Art auch immer zu tun hatte.

Die Veränderungen im Protest- und Bewegungssektor, die seit den 2000er Jahren zu beobachten sind, haben dagegen eine deutlich andere Signatur. Sie werden maßgeblich durch radikale *technische* Innovationen sowie, darauf aufbauend, substanziell neue kommunikationstechnische und mediale Infrastrukturen mitgeprägt, die nicht nur klassische Bewegungen mit ihren eingespielten Organisierungs- und Mobilisierungsstrukturen herausfordern, sondern auch bis dahin nicht gekannte neue Äußerungs- und Verbreitungsformen von Protest ermöglichen. Die sichtbare Oberfläche dieser neuen Infrastruktur bilden das Internet als ubiquitäres und interaktives Informations-, Kommunikations- und Mediennetz, Social Media Plattformen als spezifische kommerzielle Dienste, auf die mittlerweile der Großteil nutzergenerierter Inhalte und des privaten beziehungsweise öffentlichen Austauschs im Netz entfallen sowie multifunktionale (mobile) Geräte wie Smartphones, Tablets oder Laptops, die als technische Kommunikationsmittel dienen. Den weithin unsichtbaren, aber im eigentlichen Sinne strukturierenden Unterbau dieser weitläufigen Infrastruktur bilden Softwareapplikationen der unterschiedlichsten Art, die nicht nur festlegen, was auf den einzelnen Plattformen wie gemacht werden kann und was nicht, sondern es deren Betreibern auch ermöglichen, große Datenmengen zu verwalten, zu aggregieren und für ihre Zwecke auszuwerten.

Die *potenzielle Eingriffstiefe* (Dolata 2013: 32–55) dieser neuen multifunktionalen technischen und medialen Infrastrukturen in die Formierungs- und Funktionsbedingungen von sozialem Protest und sozialen Bewegungen ist groß. Sie bieten (1) neue Möglichkeiten der schnellen und umstandslosen *Skandalisierung* von empfundenen Missständen oder aktuellen Ereignissen sowie der *Mobilisierung*, Dokumentierung und viralen Verbreitung von Protest. Durch die Allgegenwart von Smartphones und Social Media wie YouTube, Twitter oder Facebook (mit WhatsApp) können entlarvende Bilder, Videos, Mails oder Dokumente in Echtzeit gepostet werden, im Zusammenspiel mit klassischen Massenmedien schnell ein breites Publikum finden und ohne größeren Organisationsaufwand spontane Formen von Protest auslösen. Die Infrastrukturen öffnen zudem (2) Spielräume für neue *niedrigschwellige Äußerungsformen von Protest*. Dazu zählen etwa E-Mail-Kampagnen, Online-Petitionen, Wikis oder um Hashtags gruppierte Diskurse, an denen sich Gleichgesinnte ohne größeren Aufwand beteiligen können, aber auch neue Möglichkeiten, politische Manifeste und Aufrufe über Social Media zu verbreiten. Auch die (3) etablierten *Organisierungsmuster klassischer Bewegungen* werden durch die technischen Möglichkeiten, die das Internet bietet, berührt. Das betrifft nicht nur top-down Mobilisierung und Koordination, die nun auch *online* erfolgen kann. Das umfasst auch erweiterte Interaktions- und Partizipationsmöglichkeiten der Teilnehmer sowie eine erhöhte Transparenz und Kontrolle der Bewegungsaktivitäten, durch die die Deutungshoheit und das Organisierungsmonopol von Bewegungsorganisationen relativiert werden kann (Earl & Kimport 2011; Earl et al. 2015; Bimber 2017).

Schließlich ermöglicht das Internet auch (4) Autonomiegewinn durch die *Etablierung bewegungsaffiner medienvermittelter Gegenöffentlichkeiten*. Als grundsätzlich offene, dezentral und interaktiv nutzbare Infrastruktur bietet es prinzipiell Raum für den Aufbau unabhängiger Plattformen, über die jenseits etablierter Medien und kommerzieller Social Media Angebote Nachrichten, Bilder oder Videos veröffentlicht und verbreitet werden können sowie kommuniziert und mobilisiert werden kann. In den 2000er Jahren war die aus der globalisierungskritischen Bewegung hervorgegangene alternative Medienplattform *Indymedia* ein solcher (mittlerweile allerdings gescheiterter) Versuch, in größerem Stil selbstbestimmte Gegenöffentlichkeit im Netz herzustellen (Kidd 2003; McDonald 2015; Baringhorst 2009). Heute finden sich derart autonome Formen von Gegenöffentlichkeit im Internet vornehmlich im Umfeld rechtsradikaler Bewegungen (z. B. in Form der US-amerikanischen Nachrichten- und Meinungswebsite Breitbart News; http://breitbart.com).

Der Großteil der neueren, in *Abschnitt 2.2* zitierten Literatur konzentriert sich auf die hier skizzierten ermöglichenden Potenziale der technischen und medialen Infrastrukturen, übersieht dabei allerdings deren (5) *handlungsstrukturierende und regelsetzende Eigenheiten* ebenso leicht wie die (6) neuartigen *Kontroll- und Überwachungsmöglichkeiten*, die mit ihrer Nutzung einhergehen.

Aus der techniksoziologischen Forschung ist seit langem bekannt, dass in Technik immer auch Regeln, Normen, Anleitungen und Kontrollmechanismen eingebaut sind, die auf die Aktivitäten ihrer Nutzer wie Institutionen wirken und deren Handeln mitprägen. Bereits Anfang der 1970er Jahre hat Hans Linde (1972) der Technik (den Sachen, wie er sie nannte) eine solche gleichermaßen strukturierende (verhältnisbestimmende) wie auch institutionelle (verhaltensregelnde) Bedeutung zugeschrieben und dies unter anderem am Beispiel des Fließbandes in industriellen Produktionsprozessen konkretisiert. Anfang der 1980er Jahre hat Langdon Winner (1980: 127f.) technische Arrangements als strukturbildende und regelsetzende Ordnungsmuster charakterisiert:

> „The things we call ‚technologies' are ways of building order in our world. [...] In that sense technological innovations are similar to legislative acts or political foundings that establish a framework for public order."

Ende der 1990er Jahre hat Lawrence Lessig (1999) die berühmt gewordene Metapher *code is law* formuliert und damit all die Anweisungen und Prozeduren, die in Software eingeschrieben werden, in ihrer verhaltensregelnden Bedeutung mit dem Recht und anderen sozialen Regelsystemen gleichgesetzt (auch Grimmelmann 2005). Heinrich Popitz (1992: 31) schließlich hat darüber hinaus die Herstellungskontexte von Technik in den Blick genommen und darauf hingewiesen, dass die handlungsstrukturierenden und -regelnden Eigenheiten von Technik nicht einfach da sind, sondern von ihren Herstellern konzipiert und implementiert werden, die dadurch über regelsetzende Macht verfügen:

> „Sie wird gleichsam in materialisierter Form auf die Betroffenen übertragen. Das heißt: sie ist keineswegs eine Macht der Dinge über den Menschen – obwohl sie die Ideologie ‚verdinglichter' Macht nahelegt –, sondern eine Macht des Herstellens und der Hersteller; eine vom Hersteller in das Ding eingebaute […] Macht."

Im Kern betonen diese Vorstellungen von *Technik als Institution*, dass Technik bzw. technische Arrangements nie neutral und beliebig nutzbar sind, sondern immer strukturierende und regelsetzende Eigenheiten aufweisen, die individuelles, organisationales oder kollektives Handeln sowohl ermöglichen als auch kanalisieren und (mit-)prägen (Dolata & Werle 2007: 17–22; Schulz-Schaeffer 2007). Im Unterschied zu sozialen Institutionen, die in öffentlichen gesellschaftlichen Diskursen oder politischen Aushandlungen Gestalt annehmen und dort auch legitimiert werden müssen, sind institutionelle Einschreibungen in Technik allerdings in aller Regel die Domäne privatwirtschaftlicher Hersteller und kaum ex ante verhandel- oder kontrollierbar. Auch in Technik eingeschriebene Strukturierungen und Regeln sind natürlich, ähnlich wie Gesetze, Vorschriften, soziale Verhaltensnormen oder Werte, interpretierbar und werden durch deren Hersteller und Betreiber, aber auch etwa im Zuge gesellschaftlicher Auseinandersetzungen oder eigenwilligen Nutzerverhaltens immer wieder angepasst, modifiziert oder auch wieder außer Kraft gesetzt. Das ändert im Grundsatz aber nichts an den regelformulierenden und verhaltensprägenden Eigenheiten von Technik, die sie in den Rang einer Institution heben.

Mit dem Internet haben die institutionellen Grundierungen und Wirkungen von Technik eine neue Qualität erlangt. Insbesondere kommerziell betriebene Social Media Plattformen, über die mittlerweile auch viele Protest- und Bewegungsaktivitäten im Netz erfolgen, stellen nicht einfach „technological tools that fundamentally enhance connectivity among people" (Bimber et al. 2012: 3; auch Carty 2015: 5; Bennett & Segerberg 2012a) bereit – das ist viel zu kurz gegriffen. Auf diesen Plattformen werden nicht nur in großem Stil all die Daten, die ihre Nutzer hinterlassen, gesammelt und verwertet sowie deren Aktivitäten lückenlos protokolliert. Ihre technischen Protokolle, Interface-Gestaltungen, Standardeinstellungen, Features und Algorithmen strukturieren und prägen die Onlineaktivitäten ihrer Nutzer zugleich auf vielfältige Weise.

Schon die vorgegebenen Benutzeroberflächen und Standardeinstellungen der Plattformen, die von den Nutzern in der Regel nicht verändert werden, haben eine starke handlungsstrukturierende Wirkung, indem sie bestimmte Aktivitäten ermöglichen und andere ausschließen. Die Einbettung von Features wie des Trending-Buttons bei Twitter, der Reactions-Buttons oder der Trending News Funktion bei Facebook sind nicht einfach technische Spielereien, sondern in Technik eingeschriebene regelsetzende, handlungsorientierende und meinungsprägende Strukturelemente. Mit sozial konstruierten Algorithmen wird festgelegt, wer beziehungsweise was für wen relevant ist und was nicht. Über sie werden alle Informations- und Interaktionsprozesse strukturiert, Nutzerpräferenzen antizipiert, Empfehlungen gegeben und von den Betreibern getroffene Entscheidungen darüber exekutiert, was obszön, anstößig, politisch inkorrekt, erotisch oder pornographisch ist – und entsprechend indexierte Inhalte oder Äußerungen automatisch zurückgestuft oder gelöscht. Algorithmen, die die Grundlage jeglicher Suche und Information, Kommunikation und Interaktion auf diesen Plattformen bilden, sind mit alldem hochpolitische Programme, die distinkte, selektive und zunehmend personalisierte soziale Wirklichkeiten auf der Grundlage von sozialen Kriterien konstruieren, die sowohl für die Einzelnen als auch für die Öffentlichkeit völlig undurchsichtig bleiben (Gillespie 2014; Just & Latzer 2017; Van Dijck 2013: 29–44; Reichert 2013: 21–78; Pariser 2011; Papsdorf 2015).

Vorderhand wird Technik damit in der Tat zu einem ‚*organizing agent*' – allerdings in ganz anderer Weise, als dies das Konzept der *connective action* nahelegt. Social Media Plattformen sind nicht einfach offene technische Infrastrukturen, die beliebig verwendet, mit Inhalten ausgestalten und umdefiniert werden können. Sie ermöglichen zwar neue Formen individuellen und kollektiven Handelns, prägen es über ihre technischen Spezifikationen, Funktionalitäten und Algorithmen zugleich aber auch und wirken ganz im Sinne von Hans Linde sowohl strukturierend als auch verhaltensregelnd auf deren Nutzer. Im Grunde sind aber nicht die technischen Arrangements selbst, sondern, folgt man Heinrich Popitz, die sie entwickelnden und anbietenden Internetunternehmen die eigentlichen *organizing agents* der Online-Kommunikation. Als auch gesellschaftspolitisch ausgesprochen sendungsbewusste Unternehmen strukturieren und prägen sie über die technisch vermittelten sozialen Spezifizierungen ihrer Angebote unterhalb des Radars öffentlicher Wahrnehmung und Kontrolle weite Teile des privaten und öffentlichen Lebens im Web (Dolata 2015). Sie sind nicht einfach Vermittlungsinstanzen wie Telefongesellschaften, sondern werden durch ihre infrastrukturelle und regelsetzende Macht zu handlungsprägenden und meinungsbildenden „curators of public discourse" (Gillespie 2010: 347).

Vor allem aufgrund ihrer großen Reichweite greifen nicht nur individuelle Nutzer, sondern auch Protest und soziale Bewegungen mittlerweile weniger auf selbst entwickelte und von ihnen kontrollierte alternative Plattformen als auf vorhandene und kommerziell betriebene Social Media Angebote zurück (Haunss

2015). Deren Verwendung zum Zweck politischen Protests ist ambivalenter als dies die Auflistungen all der ermöglichenden Eigenheiten von Social Media nahelegen.

Zum einen gehen die erweiterten Handlungsmöglichkeiten, die mit der Nutzung des Social Webs und seiner Dienste und Plattformen entstanden sind, paradoxerweise mit einem signifikanten *Verlust an Handlungsautonomie* einher. Auch die Verbreitung und Koordinierung von Protest über Social Media hat sich auf die technischen Regeln und spezifischen Funktionalitäten der Plattformen sowie die Geschäftsbedingungen ihrer Betreiber einzulassen und diese zu befolgen. Dies ist mit einem nahezu vollständigen Kontrollverlust über die dort von ihnen produzierten Datenspuren, Kommunikationsverläufe und Inhalte verbunden. Diese werden in der privatwirtschaftlich organisierten Form von Öffentlichkeit, die Social Media Plattformen bereitstellen, zum Eigentum der betreibenden Unternehmen, die alle Aktivitäten auswerten, aggregieren, algorithmisch operationalisiert als mehr oder weniger relevant an die Nutzer zurückspiegeln und dann, wenn sie ihnen als anstößig oder politisch nicht opportun erscheinen, auch über deren Exklusion entscheiden können. Die früher von den Bewegungen oft beklagten Selektionslogiken der klassischen Massenmedien werden nun ergänzt durch die für die Nutzer ausgesprochen undurchsichtigen Filter- und Kontrollmechanismen der Social Media-Plattformen. Das Selbstverständnis vieler sozialer Bewegungen – Emanzipation, Kritik, Offenheit, Egalität und Selbstbestimmung – trifft auf eine neue medientechnische Infrastruktur, deren strukturierender und regelsetzender kommerzieller Unterbau sich durch eine nahezu vollständige Intransparenz und fehlende Kontrollmöglichkeiten auszeichnet, die der Bürger einklagen könnte, der Kunde aber nicht (Leistert 2015; Hintz 2015; Poell & van Dijck 2016).

Zum anderen sind sozialer Protest und soziale Bewegungen dann, wenn sie Social Media wie Facebook, Twitter oder YouTube nutzen, mit substanziell *neuen Formen der Beobachtung und Überwachung* all ihrer Aktivitäten konfrontiert, die weit über die technischen Überwachungsmöglichkeiten früherer Tage hinausgehen.

„Als ich damals amerikanische Protestbewegungen gegen den Vietnam-Krieg unterstützte," erinnert sich Noam Chomsky (Die ZEIT 26/2013), „haben wir einen Teufel getan, am Telefon offen zu sprechen. Wir wussten nämlich, dass wir abgehört werden. Wir haben nur frei gesprochen, wenn wir in kleinem Kreis zusammen waren und uns untereinander kannten."

Anders als in jenen Tagen sind die Beobachtungs- und Überwachungsmöglichkeiten von Social Media Aktivitäten heute allgegenwärtig und lückenlos. Das betrifft nicht nur ohnehin veröffentlichte Aufrufe, Manifeste oder Kampagnen. Auch die gesamte dort getätigte interne politische Kommunikation und Aktivität wird systematisch ausgewertet, zu Persönlichkeitsprofilen und Beziehungsmustern verdichtet und kann über Jahre hinweg rekonstruiert und abgerufen werden – sowohl durch die privatwirtschaftlichen Betreiber der Plattformen als auch, wie die Öffentlichkeit spätestens seit den Enthüllungen Edward Snowdens weiß, durch staatliche Nachrichten- und Sicherheitsdienste (Andrejevic & Gates 2014; Lyon 2014; Baumann & Lyon 2013).

Insgesamt ist die potenzielle Eingriffstiefe der neuen technischen und medialen Infrastrukturen in Protest und Bewegungsaktivitäten also in verschiedener Hinsicht groß. Sie eröffnen nicht bloß neue Möglichkeiten der Skandalisierung, Mobilisierung und Organisierung, sondern greifen mit ihren regelsetzenden und verhaltensstrukturierenden Eigenheiten zugleich tief in die konkreten Äußerungsformen und -möglichkeiten von Protest ein und machen kollektives Handeln auf substanziell neue Weise observier- und auswertbar.

3.2 Technisch erweiterte Sozialität: Social Media und das Handlungsrepertoire sozialer Bewegungen

Auf welche Weisen Protestakteure und soziale Bewegungen mit Internet und Social Media umgehen, welche konkreten Nutzungsmuster sie ausprägen, wie sie die neuen technischen Möglichkeiten in ihr Handlungsrepertoire einfügen und in welchem Ausmaß sich dadurch ihre Aktivitäts- und Organisierungsmuster verändern – all dies ist freilich nicht technisch determiniert, sondern Ergebnis genuin sozialer Vorgänge, die sich nicht durch Verweise auf den organisierenden Charakter von Technik aus der Welt schaffen lassen.

Während die Techniksoziologie ansonsten immer wieder darauf hinzuweisen hat, dass sich Sozialität in modernen Gesellschaften nicht bloß über soziale Strukturierungen und die Beziehungen sozialer Akteure zueinander konstituiert, sondern auch über die handlungsorientierenden und regelsetzenden Eigenheiten ihrer technischen Grundlagen (Schulz-Schaeffer 2007; Dolata & Werle 2007), ist im hier verhandelten Zusammenhang die Bedeutung sozialer Sozialität gegenüber all jenen Vorstellungen zu verteidigen, die den Internettechnologien und Social Media eine zentrale strukturierende Rolle in neuen Protestaktivitäten und -bewegungen zuweisen. Zur Verfestigung derartiger Vorstellungen hat auch beigetragen, dass sich eine Reihe von empirischen Untersuchungen zu den neuen Bewegungen mit quantitativen Auswertungen der dort stattfindenden Online-Kommunikationsprozesse beschäftigt haben – vor allem mit der Kommunikation auf Twitter, dessen Daten gut zugänglich sind (exemplarisch: Earl et al. 2013; Bennett et al. 2014a), – ohne diese zu kontextualisieren, sie also in den Gesamtzusammenhang all der anderen Kommunikationsprozesse und sozialen Aktivitäten einzubetten, die aktuelle Protestbewegungen auch auszeichnen.

Wenn letzteres geschieht, dann zeigt sich schnell, dass onlinebasierte Äußerungs- und Organisierungsformen zwar einen wichtigen, aber nicht unbedingt den zentralen Bestandteil ihres um sie erweiterten Handlungsrepertoires bilden. Das wird deutlich, wenn verschiedene *Ausprägungen und Varianten kollektiven Protests* in den Blick genommen werden.

Am einen Ende eines breiten Spektrums kollektiver Äußerungsformen finden sich zahlreiche neue *Formen flüchtigen onlinevermittelten Protests*, die spontan, kurzfristig und niedrigschwellig ausgelegt sind und in denen die Nutzung von Social Media in der Tat eine zentrale skandalisierende, mobilisierende und koordinierende Rolle spielt. Dieses Feld ist ebenso heterogen strukturiert wie die dort vorfindlichen Organisierungsformen. Dazu zählen rein onlinebasierte Aktivitäten wie elektronische Petitionen, Email-Kampagnen, Onlineboykotts oder politische Hashtag-Kampagnen (wie #aufschrei), die sich durch niedrige Beteiligungsschwellen und das onlinevermittelte Zusammenkommen der Teilnehmer auszeichnen. Dazu zählen auch über Smartphones und Social Media verbreitete Skandalisierungen (wie die Polizeiübergriffe auf Schwarze in den USA), die zu spontanen Straßenprotesten führen oder von Einzelpersonen beziehungsweise kleinen Gruppen ins Netz gestellte Aufrufe und Manifeste, die den Nukleus für Platzbesetzungen und Demonstrationen bilden können (wie in Spanien 2011).

In der Literatur wird darauf verwiesen, dass all diese durch Social Media ermöglichten neuen Formen von Protest unabhängig von Bewegungsorganisationen durch *solo organizer* oder *small teams* ohne Organisationshintergrund angestoßen werden können (Earl & Kimport 2011: 147–173). Das ist allerdings nur zum Teil richtig. Email-Kampagnen, elektronische Petitionen oder Onlineboykotts entstehen als neue Formen internetbasierten Protests oft nicht mehr völlig spontan und netzvermittelt, sondern werden von professionell arbeitenden Kampagnenorganisationen wie Moveon.org, Campact, Avaaz oder Change.org, die als selektierende und koordinierende Kerne derartiger Aktivitäten fungieren, auf den Weg gebracht und kuratiert (Karpf 2012; Dauvergne & LeBaron 2014).

Mit diesen neuen situativen Äußerungsmöglichkeiten von Protest können durchaus signifikante Effekte erzielt werden. Sie können gesellschaftliche Debatten auslösen, Unmut artikulieren, soziale Unruhen entfachen oder auch weiterreichende politische Aktivitäten anstoßen. Für sich genommen lassen sie sich aber noch nicht als kollektiv handlungsfähige soziale Bewegungen mit einiger Stabilität charakterisieren, sondern als neue Ausdrucksmöglichkeiten und Verhaltensweisen einer nicht-organisierten Masse oder Menge, die ihre temporäre Aufmerksamkeit auf ein bestimmtes (politisches oder soziales) Thema oder Ereignis konzentriert. Derartige

Formen zunächst flüchtigen onlinevermittelten Protests bleiben oft episodisch: Sie verflüchtigen sich nach dem anlassgebenden Ereignis in der Regel ebenso schnell wieder wie sie entstanden sind (Dolata & Schrape 2016). Sie können allerdings auch zu einem Bestandteil des Handlungsrepertoires sozialer Bewegungen oder zu einem weiterreichenden Protest anstoßenden Ausgangspunkt einer neu entstehenden Bewegung werden (wie etwa der Black Lives Matter-Bewegung gegen Polizeiübergriffe auf Schwarze in den USA; Dohrn & Ayers 2016).

Am anderen Ende des Spektrums befinden sich *strategisch ausgerichtete und gut organisierte soziale Bewegungen*, die sich in ihren Koordinations- und Aktivitätsmodi nicht grundsätzlich von ihren Pendants aus der Offlinezeit unterscheiden. Charakteristisch für Massenproteste wie beispielsweise diejenigen gegen das Anti-Counterfeiting Trade Agreement ACTA oder gegen die transatlantischen Freihandelsabkommen TTIP und CETA sind breite soziale Allianzen aus Nichtregierungsorganisationen (wie Greenpeace oder attac), Vereinen (wie dem Chaos Computer Club), professionell arbeitenden Kampagnenorganisationen (wie Campact oder Avaaz), etablierten linken und grünen Parteien sowie Einzelaktivisten, die thematisch fokussierte Protestaktionen planen und durchführen. In der Regel übernehmen dabei einige der beteiligten Akteure, eigens errichtete Büros oder Kampagnenorganisationen wie Campact federführend die Koordination der Aktivitäten und greifen neben der Organisierung von Straßendemonstrationen und der Bedienung klassischer Massenmedien nun auch über eigene Webseiten, die Nutzung von Social Media Plattformen wie Facebook und Twitter oder die Lancierung elektronischer Petitionen auf internetbasierte Äußerungs- und Mobilisierungsmöglichkeiten zurück. Das ist *collective action* im eher klassischen Sinn, maßgeblich koordiniert von Bewegungsorganisationen und nunmehr erweitert um die nicht unwichtige und systematische Nutzung von Internet und Social Media zur Skandalisierung, Mobilisierung und Organisierung (Losey 2014; Finkbeiner et al. 2016; https://stop-ttip.org/de/unterstutzerorganisationen, Abruf am 3.3.2017).

Von diesen gut organisierten Bewegungen und den fluiden Formen onlinebasierten Protestverhaltens lassen sich schließlich *offener strukturierte und onlineaffine neue soziale Bewegungen* unterscheiden, für die Social Media Plattformen zu einem integralen Bestandteil ihrer Protestaktivitäten geworden sind. Die Proteste gegen die Diktatur in Ägypten (2011), das spanische Movimento 15M (2011) und die Occupy-Bewegung (2011), aber auch die Auseinandersetzungen um den Taksim Gezi Park in Istanbul (2013), das Umbrella Movement in Hong Kong (2014) oder die Nuit Debout-Bewegung in Frankreich (2016) lassen sich diesem Typ zuordnen, der aufgrund der ihnen zugeschriebenen Internetaffinität oft als neue Form von *connective action* eingeordnet wird. Ihre Aktivisten und Teilnehmer rekrutieren sich in der Regel aus gut ausgebildeten, unzufriedenen und onlineaffinen jungen

Menschen der urbanen Mittelschicht. Ihr Selbstverständnis zeichnet sich durch einen tiefen Skeptizismus gegenüber klassischen Formen des Organisierens und der Propagierung informeller, nicht-hierarchischer und ideologiefreier Strukturen aus. Zusammengehalten werden sie in der Regel zunächst durch ein sehr allgemeines identitätsstiftendes Dach – ‚We are the 99 %' oder ‚Democracia Real Ya' –, unterhalb dessen sich zu Beginn der Proteste kaum programmatische Ausdifferenzierungen finden lassen (Gerbaudo 2012; Yörük & Yüksel 2014; Veg 2015; Vogel 2016; Chwala 2016).

Obgleich in diesen Bewegungen systematisch vor allem auf kommerzielle Social Media Plattformen – insbesondere auf Facebook, Twitter und YouTube – zurückgegriffen wird, sind auch sie allerdings weit mehr als *connective action networks*, die sich vornehmlich über das Internet organisieren. Das wird deutlich, wenn die Rolle von Social Media in den mittlerweile gut dokumentierten Bewegungen zum Sturz der Diktatur in Ägypten, beim Protest der spanischen Indignados und im Rahmen von Occupy in den USA exemplarisch betrachtet und reinterpretiert wird.

In den Wochen des Umsturzes in *Ägypten* Anfang 2011 spielten Social Media Plattformen, in diesem Fall vor allem Facebook-Gruppen, zur Kommunikation, Mobilisierung und internationalen Visibilität des Protests eine wichtige initiale Rolle – allerdings nur für eine kurze Zeit. Für die Verbreitung des Aufstandes im Land selbst wurden schnell die klassischen Massenmedien, vor allem die vor Ort kontinuierlich und ausführlich darüber berichtenden Fernsehsender Al-Jazeera und Al-Arabiya, wesentlich bedeutender. Nach dem Sturz des Mubarak-Regimes verlor der Protest der urbanen Online-Aktivisten gegenüber klassischen Akteuren, insbesondere der gut organisierten, tief in der Gesellschaft verankerten Muslimbruderschaft und dem straff organisierten Militär schnell und radikal an Einfluss. In der politischen Machtauseinandersetzung um die Konstitution einer neuen politischen Ordnung spielten die *connective action networks* bereits keine nennenswerte Rolle mehr – vor allem aufgrund ihrer schwachen und sehr fragilen Organisationsstrukturen, der politischen Naivität und Unerfahrenheit ihrer Aktivisten sowie der fehlenden Programmatik und Kompetenz v. a. in wirtschafts- und sozialpolitischen Fragen. Darüber hinaus zeigt dieses Beispiel, ähnlich wie später die Gezi-Proteste in Istanbul oder die Occupy-Central Bewegung in Hongkong, wie einfach und effektiv es für die staatlichen Sicherheits- und Polizeikräfte ist, alle Onlineaktivitäten zu überwachen, meinungsführende Aktivisten zu identifizieren und zu verfolgen (Howard & Hussain 2013; Gerbaudo 2012; Lim 2012; Aouragh & Alexander 2011; Alexander & Aouragh 2014; Gerlach 2016).

Social Media Aktivitäten gaben auch den Anstoß für die Massenproteste gegen Austerität, Arbeitslosigkeit und Korruption im Mai 2011 in *Spanien*, die nicht von etablierten Bewegungsorganisationen getragen wurden. Das die folgenden

Straßenproteste und Platzbesetzungen tragende Manifest ‚*Democracia Real Ya*' war von Einzelpersonen ohne Organisationshintergrund verfasst und über eine Facebook-Seite verbreitet und diskutiert worden, die in der Folgezeit zur wichtigsten Plattform der neuen Bewegung mit mehreren hundert beteiligten Organisationen, Gruppen und Blogs wurde. Während der Beginn der Proteste fast ausschließlich von webbasierten Diskussionen und Aktivitäten getragen war, relativierte sich die Bedeutung von Social Media nach den Großdemonstrationen des 15. Mai 2011 und den folgenden Platzbesetzungen. Vor allem Facebook und Twitter wurden zwar nach wie vor intensiv genutzt; die wesentliche Kommunikation und Organisierung verschob sich nun allerdings vom Netz in die Versammlungen (*Asambleas*) der aktiven Teilnehmer vor Ort. Hinzu kam, dass Fernsehen und Zeitungen nun zu wichtigen eigenständigen Medien der Verbreitung der Proteste wurden. Die erfolgreiche Verstetigung der Bewegung basierte auf zwei wichtigen sozialen Institutionalisierungsprozessen, die mit Social Media nur sehr bedingt zu tun hatten: Zum einen bildete sich ein loses und doch recht stabiles soziales Netz an Nachbarschaftsversammlungen und lokalen Initiativen zum Beispiel gegen Zwangsräumungen im ganzen Land heraus. Und zum anderen entstanden aus Teilen der Bewegung an verschiedenen Orten Bürgerlisten, die sich zur Wahl stellten, und die neue Partei Podemos, die dem Protest eine politische Programmatik und Stoßrichtung gaben – und in Gestalt von Pablo Iglesias auch ein charismatisches Gesicht (Gerbaudo 2012: 76–101; Anduiza et al. 2014; Monterde et al. 2015; Iglesias 2015a, 2015b; Simsa et al. 2015).

Den Ausgangspunkt der Occupy Wall Street Proteste 2011 in den USA schließlich, in denen sich, ausgelöst durch die Banken- und Finanzkrise, die lange angestaute Unzufriedenheit mit dem politischen System und die Empörung über die eklatante soziale Ungleichheit in der Gesellschaft entlud, bildete eine professionell organisierte Kampagne der konsumkritischen Zeitschrift *Adbusters*, in der auch der Gründungsaufruf der Bewegung publiziert und dann über verschiedene Medienkanäle verbreitet wurde. Social Media Aktivitäten der Bewegung selbst, insbesondere die Nutzung von Twitter und Tumblr, wurden in diesem Fall erst im Zuge der Platzbesetzungen relevant – vor allem zur Mobilisierung bzw. taktischen Koordinierung der Proteste vor Ort und zur medialen Verbreitung der Aktivitäten. Für die Willensbildung waren sie dagegen von nachgeordneter Bedeutung. Trotz ihres basisdemokratischen Anspruchs bildete sich schnell eine kleine Gruppe bereits bekannter meinungsführender Aktivisten heraus, die nicht nur die Besetzungen organisierte, die Manifeste verfasste und als bevorzugte Ansprechpartner der Medien fungierte. Auch die Nutzung von Twitter wurde von einer exklusiven Gruppe von administrierenden Aktivisten dominiert, umgeben von einer weit größeren Zahl eher passiver *follower*. Der schnelle Niedergang der Bewegung und ihre geringe Wirkung in die Politik hinein lässt sich maßgeblich auf ihre fehlende soziale Institutionalisierung zurückführen: auf ihre diffuse inhaltliche Ausrichtung und fehlende Programmatik, die nur am Beginn der Proteste mobilisierend und identitätsstiftend wirkte, auf ihre Ablehnung jeglicher Zusammenarbeit mit potenziellen Bündnispartnern (wie z. B. Gewerkschaften oder globalisierungskritischen Organisationen), die der Selbstbezogenheit der Proteste vor Ort Vorschub leistete, sowie auf dem Festhalten der Teilnehmer an basisdemokratischen Ansätzen, die einer schlagkräftigeren Organisierung und dauerhafteren Stabilisierung im Wege standen (Gerbaudo 2012: 102–133; Milkman et al. 2012; Rucht 2013; Karpf 2014; Kavada 2015; Kneuer & Richter 2015: 141–155). Politisches Gewicht haben die Forderungen der Occupy-Bewegung erst wieder 2015/16 im Rahmen der straff organisierten und auch online sehr präsenten Vorwahlkampagne des Demokraten Bernie Sanders zur US-amerikanischen Präsidentschaftswahl erlangt (Watkins 2016).

Insgesamt zeigen die hier vorgebrachten Fälle, dass vor allem die großen kommerziellen Social Media Plattformen spätestens mit den sozialen Bewegungen der 2010er Jahre zu wichtigen Drehscheiben der Skandalisierung, Mobilisierung und Koordinierung von Protest geworden sind. Gleichwohl handelt es sich bei diesen neuen Protestbewegungen nicht um *connective action networks*, die sich wesentlich über ihre Onlineaktivitäten definieren lassen – jedenfalls dann nicht, wenn ihre zweifellos starke Netzpräsenz in ihre zahlreichen anderen Aktivitäten eingebettet wird und nicht nur ihre initiale Phase, sondern auch ihre Entwicklung und die Bedingungen ihrer Verstetigung über die Zeit in den Blick genommen werden.

Typisch für diese Bewegungen ist eher das, was hier als *technisch erweiterte Sozialität* bezeichnet wird, also das enge Zusammenspiel von sozialen Anlässen, Beziehungen, Kommunikationsprozessen und Aktivitäten mit neuartigen Formen ihrer nun auch technischen Ermöglichung, Vermittlung und Strukturierung. Die Nutzung von Internet und Social Media ist, auch dies zeigen die vorgebrachten Beispiele, ein neuer und wichtiger, allerdings nicht der einzige oder alles andere dominierende Bestandteil des Aktivitätsprofils, Handlungs- und Organisierungsrepertoires dieser Bewegungen. Demonstrationen, Platzbesetzungen, face-to-face Kommunikation und Strategiebildungsprozesse vor Ort sowie die Nutzung der klassischen Massenmedien werden dadurch nicht obsolet.

Hinzu kommt, dass für die situationsübergreifende Stabilisierung zunächst spontanen kollektiven Protests soziale Institutionalisierungsvorgänge von entscheidender Bedeutung sind. Dazu zählen die Verfeinerung politischer Forderungen und Programmatiken, die über den konkreten Anlass hinausgehend mobilisierend und identitätsbildend wirken, die Fähigkeit der Beteiligten zur Koalitionsbildung und Vernetzung der Aktivitäten, die die Basis des Protests stabilisieren und erweitern, sowie die Herausbildung organisierender Kernstrukturen und meinungsbildender

Aktivisten, die die Aktivitäten strukturieren und choreographieren. Erst über derartige soziale Institutionalisierungsprozesse kann sich aus zunächst spontanem kollektivem Protestverhalten eine strategie- und handlungsfähige soziale Bewegung herausbilden, die den Moment überdauert. Technik kann das nicht leisten.

4 Soziale Bewegungen revisited: Internet, Social Media und die Akteurwerdung des Kollektivs

Nun macht es wenig Sinn, das (vermeintlich) Neue – Internet und Social Media als *organizing agents* – gegen das (vermeintlich) Alte – die soziale Konstitution sozialer Bewegungen – auszuspielen. Weitaus interessanter und produktiver ist es, das Verhältnis und Zusammenspiel sozialer und technischer Konstitutionsbedingungen von Kollektivität und Protest in Zeiten des Internets auszuloten und die Vorstellung einer *technisch erweiterten Sozialität* sozialer Bewegungen genauer auszubuchstabieren. Aus der vorangegangenen Argumentation lässt sich das folgende Gesamtbild zusammensetzen.

Internet und Social Media haben (1) die *Artikulationsmöglichkeiten von Protest sowie das Handlungs- und Organisierungsrepertoire sozialer Bewegungen* nachhaltig erweitert. Sie haben zu einer bemerkenswerten Pluralisierung von Protestmöglichkeiten und -aktivitäten beigetragen, bieten unterhalb von gut strukturierten Bewegungsorganisationen neuen Akteuren wie Einzelpersonen oder kleinen Gruppen die Chance, Protest zu initiieren und schaffen niedrigschwellige Zugänge zu Protestaktivitäten, über die sich auch eher unpolitische und nicht zum klassischen Bewegungsmilieu zählende Sympathisanten und Teilnehmer gewinnen lassen. Darüber hinaus spielen Social Media Aktivitäten mittlerweile eine wichtige eigenständige Rolle zu Beginn von Protestwellen, die oft durch skandalisierende und mobilisierende Onlineaktivitäten ausgelöst werden und sich zunächst auch unabhängig von klassischen Massenmedien viral verbreiten können (Bimber 2017).

Sie schlagen damit allerdings (2) *klassische soziale Äußerungsformen von Protest* nicht aus dem Feld. Aktivitäten wie Straßendemonstrationen oder Platzbesetzungen, über die sich oft erst ganze Wucht des Protests entfaltet und zu einer substanziellen Herausforderung für die etablierte Politik wird, bleiben zentrale Bestandteile des Handlungsrepertoires auch onlineaffiner sozialer Bewegungen (Gerbaudo 2012; Della Porta 2014; Poell & Van Dijck 2016).

Sobald sich der Protest in diese klassischen öffentlichen Räume verlagert, gewinnen (3) *Face-to-Face-Kommunikation, Meinungs- und Strategiebildungsprozesse vor Ort* an Bedeutung. Auf Social Media Plattformen wie Facebook oder Twitter wird vornehmlich organisiert, auf Debatten und Diskurse hingewiesen und emotional aufgerüttelt, in weit geringerem Maße dagegen inhaltlich diskutiert und kommentiert. Strategische Entscheidungsprozesse, die Planung weiterer Aktivitäten oder die Verfassung von Texten und Aufrufen finden hauptsächlich in den Protestmilieus vor Ort statt und werden dann über unterstützende Social Media-Aktivitäten, aber auch über die klassischen Massenmedien kommuniziert und verbreitet (Kavada 2015: 880f.; Haunss 2015: 26f.; Kneuer & Richter 2015: 170–184).

Vor allem das Fernsehen ist für die kontinuierliche Berichterstattung über Protestereignisse und -bewegungen nach wie vor wichtig und wird durch Social Media nicht ersetzt. Typisch sind vielmehr (4) *Ausdifferenzierungen medialer Infrastrukturen und Interdependenzen zwischen verschiedenen Medien*, in denen Internet und Social Media eine wichtige, aber keineswegs exklusive Rolle spielen (Schrape 2011, 2015; Van Dijck & Poell 2013). Durch die Nutzung von Social Media wird die früher oft beklagte mediale Abhängigkeit sozialer Bewegungen keineswegs aufgehoben: Zu den journalistischen Selektionslogiken der Massenmedien gesellen sich nun die algorithmischen Filter-, Regelsetzungs- und Kontrolllogiken der kommerziellen Social Media Plattformen, die nicht nur kollektive Wahrnehmungen und Aufmerksamkeiten im Netz beeinflussen, sondern diese auch permanent und lückenlos observieren, auswerten und an die Teilnehmer rückspiegeln.

Internet und Social Media ersetzen also nicht klassische Äußerungsformen von Protest, sondern sind in ein erheblich breiteres Spektrum an Bewegungsaktivitäten und -repertoires eingebettet. Sie sind allerdings nicht bloß ein zusätzliches Repertoireelement. Das eigentlich Neue ist die durch sie erzeugte allgegenwärtige Rekursivität: Sie ermöglichen als weit über den Handlungsrahmen sozialer Bewegungen hinausgreifende technische und mediale Infrastrukturen (5) *multiple Vernetzungs- und Rückkoppelungsprozesse in Echtzeit und Permanenz*. Sie bieten neue Möglichkeiten der Vernetzung innerhalb und zwischen Bewegungen und tragen sowohl zur (kommunikativen) Verklammerung als auch zu permanentem Feedback nicht nur zwischen Aktivisten und Teilnehmern sowie zwischen On- und Offlineaktivitäten, sondern auch zwischen verschiedenen Medien bei, durch die jedes soziale Ereignis, jede soziale Aktivität unmittelbar ausgetauscht, kommuniziert und wieder in die Bewegung oder die mediale Öffentlichkeit eingespeist werden kann. Mit alldem bilden das Internet und Social Media eine neue und eigenständige technisch vermittelte Struktur- und Handlungsebene sozialen Protests und sind zu einem integralen Bestandteil der nunmehr technisch erweiterten Sozialität sozialer Bewegungen geworden.

Während Social Media in spontanen Protestaktivitäten und in der Frühphase neu entstehender sozialer Bewegungen oft eine zentrale Rolle als Skandalisierungs- und Mobilisierungsplattformen spielen, sind sie für die Transformation von spontanem kollektivem Protestverhalten zu strategisch ausgerichtetem und verstetigtem Protesthandeln mit einiger politischer Relevanz allerdings nur bedingt geeignet. Ob derartige Übergänge gelingen, hängt vor allem anderen von genuin sozialen Institutionalisierungsleistungen ab: Identitätsbildungs-, Organisierungs- und damit zwangsläufig einhergehende soziale Ausdifferenzierungsprozesse bleiben konstitutiv für die Akteurwerdung des Kollektivs auch in Zeiten von Internet und Social Media.

Die Fokussierung auf die zusammenbindende Kraft technisch vermittelter Konnektivität unterschätzt die nach wie vor bestehende (6) *Notwendigkeit substanzieller Identitätsbildungsarbeit*, ohne die sich neu entstehende soziale Bewegungen weder stabilisieren lassen noch als außerparlamentarische Stimme über die Zeit politischen Einfluss erlangen können. Sehr allgemein gehaltene Dachidentitäten wie ‚We are the 99 %‘, ‚Democracia Real Ya‘ oder ‚Black Lives Matter‘ können spontanen Protest anstoßen, reichen aber nicht aus, um ihn über die Zeit zu verstetigen. Dazu ist neben sozialen Fähigkeiten zur politischen Koalitionsbildung und Vernetzung, ohne die Protest isoliert und selbstreferentiell bleibt, die Entwicklung konkretisierender Forderungen und eine politische Programmatik notwendig, die als Elemente einer Sinn stiftenden Identität auch heute zentrale Voraussetzungen für den situationsübergreifenden Zusammenhalt, die anhaltende Mobilisierungsfähigkeit und die Relevanz einer sozialen Bewegung in der politischen Auseinandersetzung sind (Gerbaudo & Trere 2015). Maria Bakardjieva (2015: 986) hat das sehr pointiert formuliert: „A depolitized movement driven by connectivity […] may be good enough to help retrieve someone's lost mobile phone […], but not to challenge a government or a hegemonic cultural code."

Social Media sind freilich nicht einfach neue mediale Kanäle zur Verbreitung von Manifesten, Aufrufen, Forderungen und Programmatiken, sondern zugleich Plattformen, in denen der Austausch individueller Wahrnehmungen und Erfahrungen prädominant ist und politische Identitätsbildungsprozesse, woher auch immer sie kommen, erheblich visibler und zugleich unübersichtlicher als früher diskursiv eingefasst sind und dadurch permanent neu vermittelt, verhandelt und legitimiert werden müssen (Milan 2015). Die neue und schwierige Herausforderung für soziale Bewegungen besteht heute darin, das in der Tat stark individualisierte Protestverhalten und die ausgreifende Kakophonie medialer Stimmen und Stimmungen aufzugreifen und auf ein gemeinsames politisches Ziel zu fokussieren, das über den Moment hinaus trägt.

Das ist ohne (7) *soziale Organisierungsleistungen und damit einhergehende interne Stratifikationsprozesse* kaum möglich. Ohne die Herausbildung organisierender Kernstrukturen und -akteure, in deren Umfeld Aktivitäten geplant und koordiniert, Texte verfasst, Strategien entwickelt, Bündnisse geknüpft und mediale Aufmerksamkeiten erzeugt werden, lässt sich auch heute kein spontaner Protest in eine handlungs- und strategiefähige Bewegung von einiger Dauer transformieren (Piven 2013; Den Hond et al. 2015). Das ist auch empirisch evident und nicht nur für soziale Bewegungen im eher klassischen Sinn typisch, in denen Bewegungsorganisationen nach wie vor eine wichtige Rolle spielen und die Organisierung von Massenprotesten von eigens eingerichteten Kampagnenbüros geleistet wird. Auch die neuen onlineaffinen Bewegungen und flüchtigeren Formen kollektiven Protests agieren keineswegs organisierungs- und führungslos. Die Initiierung von elektronischen Petitionen, Onlineboykotts oder Email-Protesten erfolgt mittlerweile oft über professionell arbeitende Kampagnenorganisationen. Und in den neuen onlineaffinen Bewegungen schälen sich während der Proteste vor Ort regelmäßig arbeitsteilige Strukturen sowie kleine informell arbeitende Gruppen meinungsführender, medienerfahrener und gut vernetzter Aktivisten heraus, die dort die wesentlichen politischen Akzente setzen. Das betrifft auch deren Social Media-Aktivitäten, die in der Regel durch wenige zentrale Twitterer mit einer großen Zahl von Followern und durch die Administratoren etwa von Facebook-Seiten geprägt werden, welche als Kuratoren und Choreographen der Onlinekommunikation dort eine Schlüsselrolle spielen – „digital communication teams, often bound together by links of friendship and comradship who take the lead in initiating and steering relevant internet communications." (Gerbaudo 2014: 267)

Derartige Stratifikationsprozesse, die sich überall nachweisen lassen, kontrastieren auffällig mit dem nicht-hierarchischen und basisdemokratischen Selbstverständnis vieler neuer Bewegungen. Das ist kein neues Phänomen (Morris & Staggenborg 2004). Bereits Anfang der 1970er Jahre hat Jo Freeman (1972) darauf hingewiesen, dass sich auch in solchen Bewegungen, deren Teilnehmer bewusst auf explizite Führungs-, Organisierungs- und Entscheidungsstrukturen verzichten wollen, gleichwohl informelle Entscheidungseliten mit einiger Macht herausbilden, die dann niemandem Rechenschaft schuldig sind. Heute, in Zeiten einer permanenten wechselseitigen und medial vermittelten Beobachtung von Aktivisten und Teilnehmern, nehmen derartige Eliten die Gestalt von *soft* und *reluctant leaders* an, die oft anonym bleiben wollen, deren Führungsstil weniger anordnend und verkündend als einladend und anregend ist, deren subtiler Einfluss auf die Art der Mobilisierung, Koordination und Kommunikation der Protestaktivitäten allerdings gleichwohl (oder gerade deshalb) hoch ist (Gerbaudo 2012; Poell et al. 2015; Kavada 2015; Karpf 2014; Treré 2012).

Darüber hinaus sind auch charismatische Führungspersonen im klassischen Sinn, die Massen mobilisieren, Bewegungen zusammenhalten und deren Identität prägen, aus den Bewegungsmilieus keineswegs verschwunden, sondern erleben im Gegenteil seit einigen Jahren eine bemerkenswerte Renaissance. Dazu zählen beispielsweise Pablo Iglesias als Führungsfigur von Podemos in Spanien, Beppo

Grillo als Gesicht des Five-Stars-Movements in Italien, Alexis Tsipras als zeitweilige Personifizierung des Protests gegen die europäische Austeritätspolitik in Griechenland, Anthony Corbyn als Hoffnungsträger einer sozialistischen Erneuerung der britischen Labour Party mit einer weit über die Partei hinausreichenden jugendlichen Sympathisantenbasis oder Bernie Sanders, der im Vorfeld der US-amerikanischen Präsidentschaftswahl das Protestpotential der Occupy-Bewegung auf bemerkenswerte Weise zu reaktivieren und zu bündeln verstanden hat (Watkins 2016). Von einem neuen Typus hierarchie- und führungsfreier netzvermittelter Bewegungen ist all dies weit entfernt.

Zur Akteurwerdung des Kollektivs und also der Herausbildung einer strategie- und handlungsfähigen sozialen Bewegung mit über den Augenblick hinausreichender politischer Wirkung gehört also weit mehr als technisch ermöglichte Konnektivität. Dies erfordert auch heute genuin soziale Institutionalisierungsleistungen – den Aufbau organisierender Strukturen, die Herausbildung politisch erfahrener Aktivisten, programmatische Leistungen und Identitätsbildungsprozesse –, die die Technik nicht erbringen kann. Ohne derartige Institutionalisierungsleistungen läuft jeder Protest und jede Bewegung Gefahr, als Strohfeuer schnell wieder zu enden und politisch irrelevant zu werden.

Literatur

Ahrne, Göran / Brunsson, Nils (2011): Organization outside Organizations: The Significance of Partial Organization. In: *Organization* 18(1), 83–104.

Alexander, Anne / Aouragh, Miriyam (2014): Egypt's Unfinished Revolution: The Role of the Media Revisited. In: *International Journal of Communication* 8, 890–915.

Andrejevic, Mark / Gates, Kelly (2014): Big Data Surveillance: Introduction. In: *Surveillance & Society* 12(2), 185–196.

Anduiza, Eva / Cristancho, Camilo / Sabucedo, José M. (2014): Mobilization through Online Social Networks: The Political Protest of the Indignados in Spain. In: *Information, Communication & Society* 17(6), 750–767.

Aouragh, Miriyam / Alexander, Anne (2011): The Egyptian Experience: Sense and Nonsense of the Internet Revolution. In: *International Journal of Communication* 5, 1344–1358.

Armstrong, David (1981): *A Trumpet to Arms. Alternative Media in America.* Boston: South End Press.

Bakardjieva, Maria (2015): Do Clouds Have Politics? Collective Actors in Social Media Land. In: *Information, Communication & Society* 18(8), 983–990.

Baringhorst, Sigrid (2009): Politischer Protest im Netz – Möglichkeiten und Grenzen der Mobilisierung transnationaler Öffentlichkeit im Zeichen digitaler Kommunikation.

In: Marcinkowski, Frank / Pfetsch, Barbara (Hrsg.): *Politik in der Mediendemokratie*. Politische Vierteljahresschrift. Sonderheft 42/2009. Wiesbaden: VS, 609-634.
Bauman, Zygmunt / Lyon, David (2013): *Liquid Surveillance. A Conversation*. Cambridge: Polity Press.
Bennett, W. Lance / Segerberg, Alexandra (2012a): The Logic of Connective Action. Digital Media and the Personalization of Contentious Politics. In: *Information, Communication & Society* 15(5), 739-768.
Bennett, W. Lance / Segerberg, Alexandra (2012b): Digital Media and the Personalization of Collective Action. Social Technology and the Organization of Protests Against the Global Economic Crisis. In: Loader, Brian D. / Mercea, Dan (Eds.): *Social Media and Democracy. Innovations in participatory politics*. London / New York: Routledge, 13-38.
Bennett, W. Lance / Segerberg, Alexandra (2013): *The Logic of Connective Action: Digital Media and the Personalization of Contentious Politics*. Cambridge: Cambridge University Press.
Bennett, W. Lance / Segerberg, Alexandra / Walker, Shawn (2014a): Organization in the Crowd: Peer Production in Large-scale Networked Protests. In: *Information, Communication & Society* 17(2), 232-260.
Bennett, W. Lance / Segerberg, Alexandra / Walker, Shawn (2014b): Organizing in the Crowd – Looking Ahead. In: *Information, Communication & Society* 17(2), 272-275.
Bimber, Bruce (2017): Three Prompts for Collective Action in the Context of Digital Media. In: *Political Communication* 34(1), 6-20.
Bimber, Bruce / Flanagin, Andrew J. / Stohl, Cynthia (2005): Reconceptualizing Collective Action in the Contemporary Media Environment. In: *Communication Theory* 15(4), 365-388.
Bimber, Bruce / Flanagin, Andrew J. / Stohl, Cynthia (2012): *Collective Action in Organizations. Interaction and Engagement in an Era of Technological Change*. Cambridge: Cambridge University Press.
Boyle, Deirdre (1992): From Portapak to Camcorder: A Brief History of Guerilla Television. In: *Journal of Film and Video* 44(1/2), 67-79.
Carty, Victoria (2015): *Social Movements and New Technology*. Boulder: Westview Press.
Castells, Manuel (2015): *Networks of Outrage and Hope. Social Movements in the Digital Age*. Cambridge / Malden: Polity.
Chwala, Sebastian (2016): Frankreich in der politischen Krise. Nuit Debout – Aufschwung der Linken trotz Krise der Parti socialiste? In: *Z – Zeitschrift Marxistische Erneuerung* 27(106), 43-47.
Croteau, David / Hoynes, William (2014): *Media / Society. Industries, Images, and Audiences*. Los Angeles / London: Sage.
Dauvergne, Peter / LeBaron, Genevieve (2014): *Protest Inc. The Corporatization of Activism*. Cambridge / Malden: Polity.
Davis, Gerald F. / McAdam, Doug / Scott, W. Richard / Zald, Mayer N. (Eds.) (2005): *Social Movements and Organization Theory*. Cambridge: Cambridge University Press.
Della Porta, Donatella (2014): Comment on Organizing in the Crowd. In: *Information, Communication & Society* 17(2), 269-271.
Della Porta, Donatella / Diani, Mario (2006): *Social Movements. An Introduction*. Malden / Oxford / Carlton: Blackwell.
Della Porta, Donatella / Diani, Mario (Eds.) (2015): *The Oxford Handbook of Social Movements*. Oxford: Oxford University Press.

Den Hond, Frank / De Bakker, Frank G.A. / Smith, Nikolai (2015): Social Movements and Organizational Analysis. In: Della Porta, Donatella / Diani, Mario (Eds): *The Oxford Handbook of Social Movements*. Oxford: Oxford University Press, 291–305.

Dobusch, Leonhard / Quack, Sigrid (2011): Interorganisationale Netzwerke und digitale Gemeinschaften. Von Beiträgen zu Beteiligung? In: *Managementforschung* 21, 171–213.

Dobusch, Leonhard / Schoeneborn, Dennis (2015): Fluidity, Identity, and Organizationality: The Communicative Constitution of Anonymous. In: *Journal of Management Studies* 52(8), 1005–1035.

Dohrn, Bernadine / Ayers, William (2016): Young, Gifted, and Black: Black Lives Matter! In: Conner, Jerusha / Rosen, Sonia M. (Eds.): *Contemporary Youth Activism. Advancing Social Justice in the United States*. Santa Barbara: Praeger, 79–92.

Dolata, Ulrich (2013): *The Transformative Capacity of New Technologies. A theory of sociotechnical change*. London / New York: Routledge.

Dolata, Ulrich (2015): Volatile Monopole. Konzentration, Konkurrenz und Innovationsstrategien der Internetkonzerne. In: *Berliner Journal für Soziologie* 24(4), 505–529.

Dolata, Ulrich / Schrape, Jan-Felix (2016): Masses, Crowds, Communities, Movements: Collective Action in the Internet Age. In: *Social Movement Studies* 15(1), 1–18.

Dolata, Ulrich / Werle, Raymund (2007): Bringing technology back in. Technik als Einflussfaktor sozioökonomischen und institutionellen Wandels. In: Dolata, Ulrich / Werle, Raymund (Hrsg.): *Gesellschaft und die Macht der Technik. Sozioökonomischer und institutioneller Wandel durch Technisierung*. Frankfurt / New York: Campus, 15–43.

Earl, Jennifer / Hunt, Jason / Garrett, R. Kelly / Dal, Aysenur (2015): New Technologies and Social Movements. In: Della Porta, Donatella / Diani, Mario (Eds.): *The Oxford Handbook of Social Movements*. Oxford: Oxford University Press, 355–366.

Earl, Jennifer / Hurwitz, Heather M. / Mesinas, Analicia M. / Tolan, Margaret / Arlotti, Ashley (2013): This Protest will be Tweeted. Twitter and Protest Policing During the Pittsburgh G20. In: *Information, Communication & Society* 16(4), 459–478.

Earl, Jennifer / Kimport, Katrina (2011): *Digitally Enabled Social Change. Activism in the Internet Age*. Cambridge / London: The MIT Press.

Finkbeiner, Florian / Keune, Hannes / Schenke, Julian / Geiges, Lars / Marg, Stine (2016): *Stop-TTIP-Proteste in Deutschland. Wer sind, was wollen und was motiviert die Freihandelsgegner?* Forschungsbericht Göttinger Institut für Demokratieforschung 2016-01. Göttingen: Göttinger Institut für Demokratieforschung.

Freeman, Jo (1972): The Tyranny of Structurelessness. In: *Berkeley Journal of Sociology* 17, 151–164.

Gerbaudo, Paolo (2012): *Tweets and the Streets. Social Media and Contemporary Activism*. London: Pluto Press.

Gerbaudo, Paolo (2014): The Persistence of Collectivity in Digital Protest. In: *Information, Communication & Society* 17(2), 264–268.

Gerbaudo, Paolo / Treré, Emiliano (2015): In Search of the 'We' of Social Media Activism: Introduction to the Special Issue on Social Media and Protest Identities. In: *Information, Communication & Society* 18(8), 865–871.

Gerlach, Julia (2016): Fünf Jahre Arabellion: Das Ende eines Traums? In: *Blätter für deutsche und internationale Politik* 61(2), 47–56.

Gillespie, Tarleton (2010): The Politics of ‚Platforms'. In: *New Media & Society* 12(3), 347–364.

Gillespie, Tarleton (2014): The Relevance of Algorithms. In: Gillespie, Tarleton / Boczkowski, Pablo / Foot, Kirsten (Eds.): *Media Technologies. Essays on Communication, Materiality, and Society.* Cambridge: MIT Press, 167–194.
Goodwin, Jeff / Jasper, James M. (Eds.) (2015): *The Social Movements Reader. Cases and Concepts.* Chichester: Wiley Blackwell.
Grimmelmann, James (2005): Regulation by Software. In: *The Yale Law Journal* 114, 1721–1758.
Haunss, Sebastian (2015): Promise and Practice in Studies of Social Media and Movements. In: Dencik, Lina / Leistert, Oliver (Eds.): *Critical Perspectives on Social Media and Protest. Between Control and Emancipation.* London / New York: Rowman & Littlefield, 13–31.
Hintz, Arne (2015): Social Media, Censorship, Privatized Regulation and New Restrictions to Protest and Dissent. In: Dencik, Lina / Leistert, Oliver (Eds.): *Critical Perspectives on Social Media and Protest. Between Control and Emancipation.* London / New York: Rowman & Littlefield, 109–126.
Howard, Philip N. / Hussain, Muzammil (2013): *Democracy's Fourth Wave? Digital Media and the Arab Spring.* Oxford: Oxford University Press.
Iglesias, Pablo (2015a): Explaining Podemos. In: *New Left Review* 93, 7–22.
Iglesias, Pablo (2015b): Spain on Edge. In: *New Left Review* 93, 23–42.
Just, Natascha / Latzer, Michael (2017): Governance by Algorithms: Reality Construction by Algorithmic Selection on the Internet. In: *Media, Culture & Society* 39(2), 238–258
Karpf, David (2012): *The MoveOn Effect. Transformation of American Political Advocacy.* Oxford: Oxford University Press.
Karpf, David (2014): Comment on ‚Organization in the Crowd: Peer Production in Large-scale Networked Protests. In: *Information, Communication & Society* 17(2), 261–263.
Kavada, Anastasia (2015): Creating the Collective: Social Media, the Occupy Movement and its Constitution as a Collective Actor. In: *Information, Communication & Society* 18(8), 872–886.
Kidd, Dorothy (2003): Indymedia.org. A New Communications Commons. In: McCaughey, Martha / Dyers, Michael D. (Eds.): *Cyberactivism: Online Activism in Theory and Practice.* New York: Routledge, 47–69.
Kneuer, Marianne / Richter, Saskia (2015): *Soziale Medien in Protestbewegungen. Neue Wege für Diskurs, Organisation und Empörung?* Frankfurt / New York: Campus.
Leistert, Oliver (2015): The Revolution Will Not Be Liked. In: Dencik, Lina / Leistert, Oliver (Eds.): *Critical Perspectives on Social Media and Protest. Between Control and Emancipation.* London / New York: Rowman & Littlefield, 35–51.
Lessig, Lawrence (1999): *CODE and Other Laws of Cyberspace.* New York: Basic Books.
Lim, Merlyna (2012): Clicks, Cabs, and Coffee Houses: Social Media and Oppositional Movements in Egypt, 2004-2011. In: *Journal of Communication* 62, 231–248.
Linde, Hans (1972): *Sachdominanz in Sozialstrukturen.* Tübingen: J.C.B. Mohr.
Losey, James (2014): The Anti-Counterfeiting Trade Agreement and European Civil Society: A Case Study on Networked Advocacy. In: *Journal of Information Policy* 4, 205–227.
Lyon, David (2014): Surveillance, Snowden, and Big Data: Capacities, Consequences, Critique. In: *Big Data & Society* 1(2), 1–13.
Mason, Paul (2012): *Why it's Kicking Off Everywhere: The New Global Revolutions.* London: Verso.
McAdam, Doug / McCarthy, John D. / Zald, Mayer N. (Eds.) (1996): *Comparative Perspectives on Social Movements: Political Opportunities, Mobilizing Structures and Cultural Framings.* Cambridge: Cambridge University Press.

McAdam, Doug / Scott, W. Richard. (2005): Organizations and Movements. In: Davis, Gerald F. / McAdam, Doug / Scott, W. Richard / Zald, Mayer N. (Eds.): *Social Movements and Organization Theory*. Cambridge: Cambridge University Press, 4–40.

McDonald, Kevin (2015): From Indymedia to Anonymous: Rethinking Action and Identity in Digital Cultures. In: *Information, Communication & Society* 18(8), 968–982.

Melucci, Alberto (1996): *Challenging Codes. Collective Action in the Information Age*. Cambridge: Cambridge University Press.

Milan, Stefania (2015): From Social Movements to Cloud Protesting: The Evolution of Collective Identity. In: *Information, Communication & Society* 18(8), 887–900.

Milkman, Ruth / Luce, Stephanie / Lewis, Penny (2012): *Changing the Subject: A Bottom-Up Account of Occupy Wall Street in New York City*. New York: The Murphy Institute, City University of New York.

Monterde, Arnau / Calleja-López, Antonio / Aguilera, Miguel / Barandiaran, Xabier E. / Postill, John (2015): Multitudinous Identities: A Qualitative and Network Analysis of the 15M Collective Identity. In: *Information, Communication & Society* 18(8), 930–950.

Morris, Aldon D. / Staggenborg, Suzanne (2004): Leadership in Social Movements. In: Snow, David A. / Soule, Sarah A. / Kriesi, Hanspeter (Eds.): *The Blackwell Companion to Social Movements*. Oxford: Blackwell, 171–196.

Papsdorf, Christian (2015): How the Internet Automates Communication. In: *Information, Communication Society* 18(9), 991–1005.

Pariser, Eli (2011): *The Filter Bubble. What the Internet is Hiding from You*. New York: Penguin Press.

Piven, Frances F. (2013): On the Organizational Question. In: *Sociological Quarterly* 54(2), 191–193.

Poell, Thomas / Abdulla, Rasha / Rieder, Bernhard / Woldering, Robbert / Zack, Liesbeth (2015): Protest Leadership in the Age of Social Media. In: *Information, Communication & Society* 19(7), 994–1014.

Poell, Thomas / Van Dijck, José (2016): Constructing Public Space: Global Perspectives on Social Media and Popular Contestation. In: *International Journal of Communication* 10, 226–234.

Popitz, Heinrich (1992): *Phänomene der Macht*. Tübingen: Mohr Siebeck.

Reichert, Ramón (2013): *Die Macht der Vielen. Über den neuen Kult der digitalen Vernetzung*. Bielefeld: Transcript.

Rucht, Dieter (1984): *Modernisierung und neue soziale Bewegungen*. Frankfurt / New York: Campus.

Rucht, Dieter (2013): Aufstieg und Fall der Occupy-Bewegung. In: Sonntag, Karlheinz (Hrsg.): *E-Protest: Neue soziale Bewegungen und Revolutionen*. Heidelberg: Universitätsverlag Winter, 111–136.

Rucht, Dieter (2014): Die Bedeutung von Online-Mobilisierung für Offline-Protest. In: Voss, Kathrin (Hrsg.): *Internet und Partizipation. Bottom-up oder Top down? Politische Beteiligungsmöglichkeiten im Internet*. Wiesbaden: Springer VS, 115–128.

Schrape, Jan-Felix (2011): Social Media, Massenmedien und gesellschaftliche Wirklichkeitskonstruktion. In: *Berliner Journal für Soziologie* 21(3), 407–429.

Schrape, Jan-Felix (2015): Social Media, Massenmedien und Öffentlichkeit. Eine soziologische Einordnung. In: Blum, Roger / Bonfadelli, Heinz / Imhof, Kurt / Jarren, Otfried / Wyss, Vincenz (Hrsg.): *Demokratisierung durch Social Media?* Wiesbaden: Springer VS, 199–212.

Schulz-Schaeffer, Ingo (2007): *Technik als sozialer Akteur und als soziale Institution. Sozialität von Technik statt Postsozialität.* TUTS-WP-3-2007. Technische Universität Berlin: Technology Studies Working Papers.

Simsa, Ruth / Heinrich, Marlene / Totter, Marion (2015): Von der Puerta del Sol ins Europaparlament. Organisationale Ausdifferenzierungen der spanischen Protestbewegung. In: *Forschungsjournal Soziale Bewegungen* 28(3), 8–16.

Snow, David A. / Soule, Sarah A. / Kriesi, Hanspeter (Eds.) (2004a): *The Blackwell Companion to Social Movements.* Oxford: Blackwell.

Snow, David A. / Soule, Sarah A. / Kriesi, Hanspeter (2004b): Mapping the Terrain. In: Snow, David A. / Soule, Sarah A. / Kriesi, Hanspeter (Eds.): *The Blackwell Companion to Social Movements.* Oxford: Blackwell, 3–16.

Tilly, Charles / Tarrow, Sidney (2015): *Contentious Politics.* Oxford: Oxford University Press.

Treré, Emiliano (2012): Social Movements as Information Ecologies: Exploring the Coevolution of Multiple Internet Technologies for Activism. In: *International Journal of Communication* 6, 2359–2377.

Van Dijck, José (2013): *The Culture of Connectivity. A Critical History of Social Media.* Oxford: Oxford University Press.

Van Dijck, José / Poell, Thomas (2013): Understanding Social Media Logic. In: *Media and Communication* 1(1), 2–14.

Veg, Sebastian (2015): Legalistic and Utopian. Hong Kong's Umbrella Movement. In: *New Left Review* 92, 55–73.

Vogel, Steffen (2016): Nuit debout: Die Renaissance der französischen Linken? In: *Blätter für deutsche und internationale Politik* 61(6), 25–28.

Watkins, Susan (2016): Oppositions. In: *New Left Review* 98, 5–30.

Winner, Langdon (1980): Do Artifacts Have Politics? In: *Daedalus* 109(1), 121–136.

Yörük, Erdem / Yüksel, Murat (2014): Class and Politics in Turkey's Gezi Protests. In: *New Left Review* 89, 103–123.

Open-Source-Communities: Die soziotechnische Verstetigung kollektiver Invention

Jan-Felix Schrape

1 Einleitung

‚Open' ist zu einem ubiquitären Beiwort der digitalen Moderne geworden – von ‚Open Science' und ‚Open Access' über ‚Open Innovation' bis hin zu ‚Open Government'. Projekte aller Couleur schmücken sich mit dem Attribut der Offenheit und den damit verknüpften Hoffnungen auf dezentralere und demokratischere Organisations- bzw. Koordinationsstrukturen, die mit einer technikinduzierten Auflösung klassischer Rollenverteilungen und signifikanten Optionssteigerungen für vormals passive Bürger, Nutzer oder Konsumenten einhergehen sollen.

Ein wesentlicher Ausgangspunkt für die Popularität des Offenheitsparadigmas liegt in dem raschen Bedeutungszuwachs von Open-Source-Projekten in der Softwareentwicklung seit der Jahrtausendwende, der in den Sozialwissenschaften angesichts klassischer Sichtweisen, die ‚intellectual property rights' als wichtige Treiber in Innovationsprozessen ansehen, zunächst mit Erstaunen zur Kenntnis genommen (Lessig 1999) und danach rasch als Beleg für die Emergenz eines neuen Produktionsmodells gedeutet wurde, das auf freiwilliger wie selbstgesteuerter Kollaboration unter Gleichberechtigten beruhe, den Stellenwert von Unternehmen in der Arbeitswelt schmälere und eingespielten Formen sozioökonomischer Koordination wie ‚Markt' oder ‚Hierarchie' auf Dauer überlegen sein könnte (Lakhani & von Hippel 2003). Insbesondere die durch Yochai Benkler popularisierte Vorstellung der ‚commons-based peer production' als technisch effektivierte „collaboration among large groups of individuals [...] without relying on either market pricing or managerial hierarchies to coordinate their common enterprise" (Benkler & Nissenbaum 2006: 394), die mit „systematic advantages [...] in identifying and allocating human capital/creativity" einhergehen soll (Benkler 2002: 381), erfuhr eine intensive sozialwissenschaftliche Reflexion und wurde durch Autoren wie Jeremy Rifkin (2014) in den letzten Jahren zunehmend auch auf angrenzende

Zusammenhänge wie den Dienstleistungssektor oder die Herstellung materieller Güter („Maker Economy') übertragen.

Gerade in der empirischen Beobachtung von Open-Source-Softwareprojekten zeigt sich allerdings inzwischen sehr deutlich, dass sich mit wachsender Größe der Entwicklergemeinschaften regelmäßig prägnante hierarchische Entscheidungsmuster herausbilden, führende IT-Konzerne mit steigender Relevanz der Vorhaben erheblichen Einfluss auf deren Anlage und Orientierung erlangen und dauerhaft aktive Projekte nicht durch intrinsisch motivierte Freiwillige – „satisfying psychological needs, pleasure, and a sense of social belonging" (Benkler 2004: 1110) – getragen werden, sondern zu wesentlichen Teilen auf den Beiträgen angestellter Entwickler fußen. Im häufig als typisches Beispiel genannten Linux-Kernel-Projekt etwa wurden zuletzt über 85 Prozent der Aktualisierungen von Programmierern durchgeführt, „who are being paid for their work" (Corbet & Kroah-Hartman 2016: 12). Angesichts dieser offenkundigen Verschränkungen reichen die in den Sozialwissenschaften nach wie vor üblichen oft eher pauschalen Verweise auf Open-Source-Communities als radikale bzw. subversive Alternative zur proprietären (d. h. unternehmenseigenen) Entwicklung offenkundig nicht mehr aus und es stellt sich die Frage, welche dieser Projekte den mit ihnen assoziierten „promises of openness, freedom, and democracy" (Kranich & Schement 2008: 563) heute noch gerecht werden können.

Dieser Aufsatz verfolgt daher das Ziel, auf der Basis von aggregierten Marktdaten, Dokumentenauswertungen und Hintergrundgesprächen einen systematisierenden Überblick über Open-Source-Communities sowie ihre sozioökonomischen Kontexte zu entfalten.[1] Zunächst erfolgt eine historische Rekonstruktion der Ausdifferenzierung quelloffener Softwareprojekte und ihrer Relationen zu etablierten IT-Unternehmen. Daran anknüpfend werden vier idealtypische Varianten derzeitiger Open-Source-Projekte voneinander abgegrenzt – von korporativ geführten Kollaborationsprojekten und elitezentrierten Gemeinschaften über heterarchischer angelegte Infrastrukturvorhaben bis hin zu wenigen egalitär ausgerichteten Entwicklergruppen. Anschließend wird aus technik- bzw. organisationssoziologischer Sicht herausgearbeitet, aus welchen Gründen quelloffene Softwareprojekte ihre Formatierung als Gegenentwurf zur kommerziellen Produktion mittlerweile weitgehend verloren haben, aber im Gegensatz zu früheren Spielarten der *kollektiven Invention* – also der offenen wie gemeinschaftlichen Entwicklung und Ausformung

---

1 Methodisch basiert der Text neben der Aufarbeitung vorhandener Literatur auf einer systematischen Auswertung von Marktdaten, Branchennachrichten, Publikationen aus den Projekten bzw. Unternehmen, Webinhalten sowie Mailinglisten aus den letzten Jahrzehnten. Darüber hinaus wurden Hintergrundgespräche mit Softwareingenieuren aus der BRD, der Schweiz und Kalifornien geführt.

neuartiger technologischer Strukturen – überlebensfähig geblieben sind. Abschließend erfolgt eine Bilanz und die Diskussion gesellschaftspolitischer Implikationen.

2 Rekonstruktion: Ausdifferenzierung quelloffener Softwareprojekte

Kurz nachdem quelloffene Softwareprojekte in den allgemeinen Aufmerksamkeitsbereich gerückt sind, wurde eine Reihe an Abhandlungen veröffentlicht, die erste Erklärungen für deren Erfolg lieferten, ihren strukturaufbrechenden Charakter betonten und den sozialwissenschaftlichen Blick auf ‚Open Source' bis heute prägen (z.B. Weber 2000; Moody 2002). Diese Texte haben sich freilich primär an Narrativen aus der Szene selbst orientiert und mit wenigen Ausnahmen (z.B. Lerner & Tirole 2002) auf eine weitergehende sozioökonomische Einordnung der betrachteten Projekte verzichtet. In der nachfolgenden kontextualisierenden Rekonstruktion zeigt sich jedoch, dass freie und proprietäre Softwareentwicklung seit jeher eng ineinandergreifen und das Involvement in Open-Source-Projekte in den letzten 15 Jahren zu einem festen Baustein der Innovationsstrategien aller großen Anbieter geworden ist (Abb. 1).

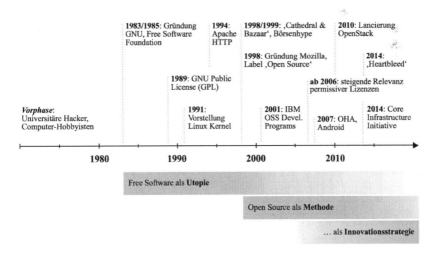

Abb. 1 Phasen der Open-Source-Softwareentwicklung

2.1 ‚Free Software' als Utopie

Die Herausbildung des ‚free software movements' in den frühen 1980er Jahren lässt sich als eine direkte Reaktion auf die zuvor angestoßene Kommodifizierung von Software verstehen: Während die ersten digitalen Computer in den 1950er Jahren in enger Kooperation zwischen Herstellern und Anwendern entwickelt und Computerprogramme noch nicht als von der Hardware unabhängige Güter wahrgenommen wurden, sondern „as a research tool to be developed and improved by all users" (Gulley & Lakhani 2010: 6), wurde Software ab Ende der 1960er Jahre durch kartellrechtliche Verfahren – etwa gegen die International Business Machines Corporation (IBM), der vorgeworfen wurde, durch das kombinierte Angebot von Hardware und Software Mitbewerber aus dem Rennen werfen zu wollen (Burton 2002) – und der Gründung erster entsprechend spezialisierter Unternehmen als separates Produkt sichtbar (Fisher et al. 1983).

Für die Entstehung einer eigenständigen Softwarebranche spielte zudem die primär durch IBM beförderte Vereinheitlichung der Mainframe-Systeme sowie die Verbreitung von (nach wie vor schrankgroßen) Minicomputern eine wichtige Rolle. Zum einen waren sie im Betrieb deutlich günstiger als Mainframe-Computer, nicht mehr auf eine möglichst effiziente Nutzung ausgelegt und leichter zugänglich. Zum anderen förderten erweiterte Ein- und Ausgabeschnittstellen (z. B. Bildschirme, Standardtastaturen) die Herausbildung neuer Softwaregenres, so etwa in den Bereichen der Text- und Grafikverarbeitung. Vor allen Dingen in nordamerikanischen Universitäten boten campusöffentlich erfahrbare Minicomputer, die oftmals von deren Herstellern direkt an die Institute gespendet wurden, einen Nährboden für informelle Projektgruppen, deren Mitglieder sich ‚hackers' nannten, die Limitationen vorhandener Computersysteme zu überwinden suchten und mit ihren Arbeiten – z. B. der im Hochschulkontext entstandenen Programmiersprache BASIC – die Grundlage für die sich ab 1975 entlang der ersten Heimcomputer herausbildenden Amateur-Computing-Szene schufen (Levy 1984). Das geteilte Problem der in diesen Zusammenhängen entwickelten Architekturen lag allerdings in ihrer *mangelnden rechtlichen Absicherung*: Sie wurden als gemeinfreie Güter veröffentlicht und waren kaum vor Einzelaneignung geschützt. Das an Universitäten mitentwickelte Betriebssystem Unix etwa wurde durch AT&T ab 1983 – sobald es kartellrechtlich möglich war – kommodifiziert (Holtgrewe & Werle 2001); das 1961 durch Studierende des Massachusetts Institute of Technology (MIT) programmierte Spiel „Spacewar!" wurde zur Basis zahlreicher kommerzieller Spieleautomaten (Lowood 2009).

Eine Schwierigkeit, die vice versa für gewerbliche Softwareanbieter mit dieser Computer-Hobbyisten-Kultur einherging, bestand darin, dass Programme in diesen Kreisen zwar gerne weitergegeben, aber nur selten käuflich erworben wurden. Darüber beschwerte sich der junge Software-Entrepreneur Bill Gates (1976) in einen offenen Brief wie folgt:

> „Hardware must be paid for, but software is something to share. Who cares if the people who worked on it get paid? Is this fair? [...] Who can afford to do professional work for nothing?"

Dementsprechend wurden Softwareprodukte in den frühen 1980er Jahren meist nur noch als nicht mehr veränderbare Binärdateien ohne einsehbaren Quellcode verkauft. Gleichzeitig erhöhten mehrere Gesetzesnovellen in den USA deren Schutz und Ausschließbarkeit (Menell 2002). Als gesellschaftsethische Replik auf diese Schließungsprozesse kündigte der MIT-Mitarbeiter Richard Stallman (1983) in dem damals noch jungen elektronischen Computernetzwerk Usenet an, unter dem rekursiven Akronym GNU (,GNU's Not Unix') ein freies und unabhängiges Betriebssystem entwickeln zu wollen:

> „I consider that the golden rule requires that if I like a program I must share it with other people who like it. [...] So that I can continue to use computers without violating my principles, I have decided to put together a sufficient body of free software [...]."

Obgleich GNU als eigenständiges Betriebssystem bis heute nicht für den alltäglichen Einsatz geeignet ist, erwies sich Stallmans Projekt als Keimzelle für die freie Softwareentwicklung: 1985 gründete sich in seinem Kontext die Free Software Foundation, die seitdem das ,movement' an freiwilligen Entwicklern juristisch und infrastrukturell unterstützt. Zu ihren ersten Großspendern gehörten 1988 Sony (10.000 US-Dollar, technisches Equipment) und 1989 Hewlett-Packard (100.000 US-Dollar), die als Hardwarehersteller stark an günstig lizenzierbarer Software interessiert waren. Die bedeutsamste Neuerung bestand aber in der *Definition rechtlich belastbarerer Lizenzmodelle*, die wie die 1989 publizierte General Public License (GPL) erzwingen, dass auch Derivate freier Software stets frei bleiben müssen:

> „Each time you redistribute the Program (or any work based on the Program), the recipient automatically receives a license from the original licensor to copy, distribute or modify the Program subject to these terms and conditions." (FSF 1989)

Ab 2001 waren Verstöße gegen die GPL Gegenstand mehrerer Gerichtsverfahren gegen Firmen wie Skype oder D-Link (Jaeger 2010), wobei „the court of public opinion" im Usenet bzw. später im Web für die Etablierung der in der GPL angelegten Reziprozitätsprinzipien eine ebenso tragende Rolle gespielt hat (O'Mahony 2003: 1189).

Der Erfolg des GNU-Projektes an sich blieb aufgrund seines Zuschnitts auf kostenintensive Workstations und seiner ideologischen Konnotationen allerdings zunächst begrenzt. Auf beide Problemstellungen bot das Linux-Kernel-Projekt eine Antwort. Linux wurde 1991 durch den Studenten Linus Torvalds als freier Betriebssystemkern für die günstigeren Mikrocomputer vorgestellt und war daher für eine größere Zahl an Entwicklern attraktiv. Zudem zeichnete sich das Linux-Kernel-Projekt bzw. sein Gründer von vornherein durch eine deutlich liberalere Haltung als die Free Software Foundation aus:

> „This world would be a much better place if people had less ideology and a whole lot more 'I do this because it's fun and because others might find it useful, not because I got religion'." (Torvalds 2002)

Ein weiterer Grund für das Florieren der Linux-Kernel-Entwicklung bestand in der raschen *Verbreitung des World Wide Web* ab 1993, das durch seine kommunikationseffektivierenden Eigenschaften sowohl den Zugriff auf als auch die Beteiligung an dem Projekt und dessen Koordination erleichtert hat. Nichtsdestotrotz blieb auch der Linux Kernel zunächst ein lediglich in Expertenkreisen bekanntes Vorhaben.

Dies änderte sich mit dem vielrezipierten Buch „The Cathedral and the Bazaar" (1999), das von dem Softwareentwickler Eric S. Raymond bereits 1997 als Essay vorgestellt worden war. Seine Kernthese lautete: Während in traditionellen Produktionsmodellen der Quellcode eines Programms nur für finale Versionen veröffentlicht wird und die Entwicklergruppen hierarchisch organisiert sind (*cathedral*), sei der Source Code in Projekten wie Linux oder dem von Raymond selbst koordinierten Fetchmail stets einsehbar, ihre Gruppen seien horizontal strukturiert und geprägt durch modulare Selbstorganisation ohne zentrales Management (*bazaar*). Kritische Beobachter stellten allerdings früh fest, dass in beiden Fällen zwar viele Vorschläge aus der Community kamen, die letztlichen Änderungen aber nur durch jeweils eine Person – Torvalds oder Raymond – freigeben wurden (Bezroukov 1999). Anders formuliert:

> „The only entity that can really succeed in developing Linux is the entity that is trusted to do the right thing. And as it stands right now, I'm the only person/entity that has that degree of trust." (Torvalds 1998: 36)

Mit GNU und Linux entstanden in den 1980/90er-Jahren also zwei Flaggschiffprojekte freier Software, deren Erfolg durch die elektronische Effektivierung der Kommunikation erheblich befördert wurde. In ihrem Kontext bildeten sich rechtliche Instrumente wie die General Public License (GPL), welche die kollektiven Arbeitsresultate vor Einzelaneignung schützen, sowie informelle Arbeitskonventionen heraus, deren Anerkennung sich durch die erhöhte Sichtbarkeit der Kommunikation im Netz unmittelbarer überprüfen ließ als zuvor. Daneben verfestigten sich erste anschlussfähige Narrative, die freie Softwareentwicklung als revolutionären Produktionsmodus ohne Machtasymmetrien beschrieben und zeitweilig ohne kritische Rückfragen sozialwissenschaftlich weiterverarbeitet wurden (z. B. in Benkler 2002; Tapscott & Williams 2006).

2.2 ‚Open Source' als Methode

Im nachfolgenden Jahrzehnt konnte sich die quelloffene Entwicklung als Arbeitsmethode zunehmend in der Softwarebranche durchsetzen, was sich neben der fortgesetzten Verbreitung des Internets vorwiegend auf drei Dynamiken zurückführen lässt.

Zum ersten lagerte eine wachsende Zahl an IT-Firmen die Entwicklung von Softwareprodukten in den quelloffenen Bereich aus, darunter Netscape Communications als ein besonders früher und aufsehenerregender Fall: Nachdem es absehbar erschien, dass Microsoft den Netscape Navigator durch den in das Betriebssystem Windows integrierten Internet Explorer aus dem Markt drängen würde, kündigte das Unternehmen 1998 an, große Teile des Codes seines Webbrowsers in das *quelloffene Projekt Mozilla* zu überführen, das bis zur Gründung der Mozilla Foundation 2003 von AOL/Netscape finanziell sowie personell unterstützt wurde und aus dem 2004 der heute populäre Webbrowser Firefox hervorging. Dabei ging es Netscape (1998) anfänglich in erster Linie um die Erschließung neuer Kundenkreise:

> „By making our source code available to the Internet community, Netscape can expand its client software leadership by [...] building a community that addresses markets and needs we can't address on our own [...]."

Zum zweiten kam Anfang 1998 eine Gruppe um Eric Raymond zu dem Schluss, dass sich der politisch belegte Begriff ‚Free Software' für die Verbreitung quelloffener Software in kommerziellen Kontexten als hinderlich erweisen könnte, schuf das *neue Label ,Open Source'*, das die Überlegenheit des Entwicklungsmodells betonen sowie gesellschaftsethische Aspekte ausblenden sollte (Raymond 1998), und gründete mit Hilfe von Szeneprotagonisten wie Tim O'Reilly, der später auch den Begriff ‚Web 2.0' prägen sollte, die Open Source Initiative (OSI). Allerdings unterstützt die Free Software Foundation (FSF) diese Kursänderung bis heute nicht. Zwar unterscheiden sich die ‚Open Source Definition' der OSI und die ‚Free Software Definition' der FSF nur in wenigen Punkten; trotzdem grenzt Richard Stallman (2002: 57) ‚free software' deutlich von ‚open source' ab: „For the Open Source movement, non-free software is a suboptimal solution. For the Free Software movement, non-free software is a social problem and free software is the solution." Aus diesem Dissens entwickelte sich ein Ausrichtungsstreit, der heute durch Hybridakronyme wie FLOSS (‚Free/ Libre Open Source Software') umgangen wird.

Zu den Vermarktungsbemühungen der Open Source Initiative, welche die unternehmerischen Vorteile quelloffener Software betonten, kamen zum dritten die durch den allgemeinen Dotcom-Boom beförderten *Börsenerfolge einiger ‚open source companies'* im Jahr 1999 hinzu, darunter zuvorderst die Linux-orientierten Hardwarehersteller VA Linux und Cobalt Networks sowie der Softwareanbieter Red Hat, der sich auf Linux-Architekturen für Unternehmen spezialisiert hat. Die Börsengänge dieser drei Unternehmen gehören zu den erfolgreichsten Debüts aller Zeiten und erregten eine entsprechend große massenmediale Aufmerksamkeit, die auf die Open-Source-Szene insgesamt ausstrahlte (Gelsi 1999). Kurz danach beschrieb zum Beispiel der Spiegel (33/1999: 78, 30/2000: 55) Linux als „ernsthafte Konkurrenz zum Microsoft-Monopol" und brachte ausführliche Hintergrundberichte zu den Personalien Stallman, Raymond und Torvalds. Damit war ‚Open Source' als Schlagwort im öffentlichen Bewusstsein angekommen.

Diese ineinandergreifenden Dynamiken – die Überführung des Netscape Navigators in ein quelloffenes Projekt, die Etablierung des Labels ‚Open Source' und die anfänglichen Börsenerfolge linuxorientierter Firmen – führten im Verbund mit der weiteren Ausweitung des IT-Marktes (globale Ausgaben für Software und Services 2005: 885 Mrd. US-Dollar, 2010: 1.092 Mrd. US-Dollar; United Nations 2012) zu einem raschen Wachstum freier Softwareprojekte. Während 1999 einige hundert quelloffene Vorhaben existierten, sind heute auf Plattformen wie GitHub und SourceForge mehrere Millionen Projekte zu finden.

Angesichts dieser steigenden Anzahl an Projekten und der Definition eigener Lizenzmodelle durch Unternehmen und Stiftungen unterlag die Open-Source-Entwicklung einer deutlichen Diversifizierung (Tab. 1): Neben originäre ‚Copyleft'-Lizenzen wie der General Public License (GPL), die garantieren, dass auch Derivate freier Software stets unter gleichen Bedingungen distribuiert werden (*strongly protective*), sind Lizenzen getreten, welche die Einbindung freier Software in proprietäre Produkte gestatten, sofern ebendiese Elemente quelloffen bleiben (*weakly protective*), oder wieder die Publikation von Fortentwicklungen unter restriktiveren Bedingungen erlauben (*permissive*). Diese Vielfalt erweiterte die strategischen Optionen insbesondere für kommerzielle Stakeholder (Lerner & Schankerman 2010; Lerner & Tirole 2005): Nachdem 2007 die GPL in dritter Version publiziert wurde und darin zuvor ausschöpfbare Lücken geschlossen worden waren, tauschte beispielsweise Apple die GNU-Compiler-Sammlung GCC in seiner Entwicklungsumgebung Xcode durch eine Lösung mit freizügiger Lizenz aus; Google entschied sich von

Tab. 1 Global meistgenutzte quelloffene Softwarelizenzen

	z. B. genutzt von	2017 (in %)	2010 (in %)	Ausrichtung	Publikation
GNU Public License 2.0	Linux-Kernel, WordPress	18	47	strongly protective	1991
MIT License	jQuery, Ruby on Rails	32	6	permissive	1988
Apache License 2.0	Android, Apache HTTP	14	4	permissive	2004
GNU Public License 3.0	GNU	7	6	strongly protective	2007
BSD License 2.0 (3-clause)	Chromium, WebKit	6	6	permissive	1999
Artistic License 1/2	Perl	4	9	permissive	2000 / 2006
GNU Lesser GPL 2.1 / 3.0	VLC Media Player	6	9	weakly protective	1999 / 2007
Microsoft Public License	Microsoft Azure	1	2	permissive	2007
Eclipse Public License	Eclipse	1	1	permissive	2004

Datenquelle: Black Duck Knowledgebase (Stand: 3/2017).

vornherein dazu, den Großteil des projekteigenen Codes von Android unter permissive Lizenz stellen.

Daneben lässt sich in zweierlei Hinsicht eine *Korporatisierung von Open-Source-Projekten* beobachten: Zum einen werden zentrale Vorhaben wie der Linux Kernel, der Apache HTTP Server und die Cloud-Computing-Architektur OpenStack heute vorrangig durch Spenden von Unternehmen finanziert oder operieren wie die Browser-Engine WebKit (Apple) und Android (Google) unter der expliziten Ägide kommerzieller Anbieter (Fitzgerald 2006). Zum anderen speist sich die Entwicklerbasis großer Projekte zunehmend aus Firmenkontexten: Kolassa et al. (2014) kommen für den Linux Kernel und 5000 weitere Vorhaben zu dem Schluss, dass zwischen 2000 und 2011 über 50 Prozent aller Beiträge in der westlichen Kernarbeitszeit geleistet wurden; die Linux Foundation (Corbet et al. 2015) beobachtet, dass der Anteil unabhängiger Programmierer an der Kernel-Entwicklung (2009: 18 Prozent; 2014: 12 Prozent) gegenüber unternehmensaffiliierten Beiträgern (z. B. von IBM oder Samsung) stetig abnimmt (Tab. 2).

In den letzten zwei Jahrzehnten konnte sich die Open-Source-Entwicklung insofern zunehmend in der Softwarebranche etablieren; sie hat dabei allerdings ihre Formatierung als Gegenentwurf zur proprietären Herstellung weitgehend verloren.[2] Zwar lassen sich nach wie vor kleinere Vorhaben wie die Linux-Varianten Arch oder Parabola finden, die sich an den genuinen Maximen freier Software ausrichten. In viele relevante Open-Source-Projekte sind inzwischen indes etablierte IT-Unternehmen involviert, die diese Arbeitskontexte nutzen, um für sie förderliche Standards zu protegieren und ihre sonst eher abgeschotteten Entwicklungsaktivitäten durch „kontrollierte Öffnungen an den Rändern" (Dolata 2015: 17) zu erweitern. Insofern beschreibt der Blogger Mike Bulajewski (2011) das Bild von Open-Source-Projekten als Gemeinschaften „of volunteer programmers collaborating together in a gift economy" zurecht als Illusion.

Tab. 2 Änderungen im Linux Kernel nach Unternehmen / Organisationen

	2015–2016 (R 3.19–4.3)	2013–2014 (R 3.11–3.18)	2011–2013 (R 3.0–3.10)	2010–2012 (R 2.6.36–3.2)	2005–2009 (R 2.6.11–2.6.3)
Intel	12,9 %	10,5 %	8,8 %	7,2 %	5,3 %
Red Hat	8,0 %	8,4 %	10,2 %	10,7 %	12,3 %
unabhängig	7,7 %	12,4 %	13,6 %	16,2 %	18,2 %
nicht identifizierbar	6,8 %	4,9 %	3,3 %	4,3 %	7,6 %
Linaro	4,0 %	5,6 %	4,1 %	0,7 %	n.a.
Samsung	3,9 %	4,4 %	2,6 %	1,7 %	n.a.
SUSE/Novell	3,2 %	3,0 %	3,5 %	4,3 %	7,6 %
IBM	2,7 %	3,2 %	3,1 %	3,7 %	7,6 %
Consultants	2,6 %	2,5 %	1,7 %	2,6 %	2,5 %
Google	2,0 %	2,1 %	2,4 %	1,5 %	0,9 %
Texas Instruments	1,7 %	2,4 %	4,1 %	3,0 %	n.a.
Vision Engraving	1,3 %	2,2 %	2,3 %	n.a.	n.a.
andere Organisationen	43,2 %	38,4 %	40,3 %	44,8 %	38,0 %
Intel, Red Hat, Samsung und IBM zusammen	27,5 %	26,5 %	24,7 %	23,3 %	25,2 %

Eigene Berechnungen. Datenquelle: Corbet et al. 2009–2016.

---

2 Immer mehr Firmen adaptieren unter dem Label „inner sourcing" (O'Reilly 2000) die in Open-Source-Communities üblichen Arbeitsweisen für die interne Entwicklung. Modulare und agile Methoden wurden allerdings unabhängig davon bereits Anfang der 1990er Jahre in der IT-Branche angewendet (Martin 1991).

2.3 ‚Open Source' als Innovationsstrategie

Insbesondere für das Segment der Unternehmensinformatik, in dem über 80 Prozent der globalen Softwareumsätze generiert werden[3], lässt sich inzwischen „a widespread use of open-source technology" diagnostizieren (Driver 2014). In korporativen Kontexten werden freie und proprietäre Programmelemente häufig in Kombination miteinander eingesetzt. Kommerziell vertriebene Softwarepakete tragen oft Open-Source-Komponenten in sich et vice versa, Support- und Integrationsdienstleistungen um quelloffene Software sind – wenn auch weniger für dezidierte ‚open source companies' als für etablierte Anbieter – zu einem einträglichen Geschäftsfeld geworden. Zudem kann Open-Source-Lösungen im Bereich der basalen informationstechnischen Infrastrukturen – z. B. Content-Management-Systeme oder Server-Betriebssysteme – Marktführerschaft zugesprochen werden (Tab. 3). Den Grund dafür sehen Marktforscher nicht nur in Kostenvorteilen, sondern auch in deren bedarfsbezogener Anpassbarkeit und „inherent trialability" (Spinellis & Giannikas 2012: 667). Es verwundert daher nicht, dass heute die meisten großen IT-Konzerne in Open-Source-Projekte involviert sind.

Microsoft – das Unternehmen, das Open Source lange als „intellectual-property destroyer" bezeichnete (Computerworld 3/2001: 78) – hat 2012 die Tochterfirma MS Open Technologies lanciert und seitdem das Framework .NET, Software-Development-Kits für den Cloud-Computing-Dienst Azure sowie viele weitere Komponenten unter freie Lizenz gestellt „to achieve a strategic objective, such as promoting industry standards, advancing interoperability, or attracting and enabling our external development community" (Microsoft 2015: 13). Welche genauen Anteile ihrer Entwicklungsausgaben marktführende Konzerne wie Microsoft in Open-Source-Projekte investieren, lässt sich freilich kaum gesondert abschätzen, da quelloffene Elemente mittlerweile für zahlreiche herstellerspezifische Architekturen von Bedeutung sind.

Apples Betriebssystempakete liefern für diese Verwobenheit von freien und proprietären Softwarearchitekturen ein sehr anschauliches Beispiel: Sowohl MacOS als auch iOS, watchOS und tvOS basieren auf dem freien unixoiden Betriebssystemkern Darwin und tragen mehr als 200 weitere Open-Source-Komponenten mit sich, so zum Beispiel die HTML Rendering Engine WebKit, die in vielen weiteren

---

3 Microsoft (2015) beispielsweise setzte 2014 rund 19 Mrd. US-Dollar mit Consumer Software und 42 Mrd. US-Dollar mit Unternehmenssoftware um; IBM (2015b) generierte 2014 über 90 Prozent seines Softwareumsatzes mit Middleware und Betriebssystemen; SAP, Oracle, EMC, Symantec, CA Technologies und Ericsson operieren ebenfalls primär im Unternehmensbereich.

kommerziellen Produkten Anwendung findet (z. B. von Sony, Samsung, Google, Amazon). Korrespondierend dazu speist sich die Entwicklerbasis von Darwin fast ausschließlich aus dem Unternehmen Apple; der weit überwiegende Teil der Änderungen im WebKit Projekt zwischen 2002 und 2013 stammt von bei Google oder Apple angestellten Mitarbeitern (Bitergia 2013).

Tab. 3 Geschätzte weltweite Marktanteile quelloffener Software (in %, installed base)

	Open Source		2010	2016	Mitbewerber	2010	2016
Betriebssystem Personal Computer (a)	GNU/Linux		1	2	MS Windows	94	89
					Apple macOS	5	7
Betriebssystem Mobile Devices (b)	Android		11	70	Apple iOS	30	19
					Symbian/Nokia OS	33	2
					Blackberry	14	1
					Windows Phone	—	2
Webbrowser Desktop (c)	Mozilla Firefox		31	15	Google Chrome	14	63
					MS IE	47	10
					Apple Safari	5	5
Betriebssystem öffentliche Server (d)	Linux (inkl. unixoide)		69	67	MS Windows	31	33
Webserver [aktive Sites] (e)	Apache	72	51	Microsoft IIS	21	12
	Nginx	4	32	Google Servers	1	1
				LiteSpeed	1	2
Web Content Management System (g)	WordPress	51	59	Blogger (Google)	2	2
	Joomla	12	7	Bitrix	—	1
	Drupal	7	5	vBulletin	8	1

Datenquellen (Stand: 12/2016): (a) NetApplications; (b, c) StatCounter; (d, e, f) W3techs.

IBM investierte bereits zur Jahrtausendwende mehrere 100 Mio. US-Dollar in die Linux-Entwicklung, um Microsofts Dominanz im Enterprise-Bereich entgegenzusteuern und ein Servicegeschäft um quelloffene Software aufzubauen. Heute ist IBM in weit über 100 Open-Source-Projekte involviert, darunter die Cloud-Computing-Plattform OpenStack, an welcher auch Intel und Hewlett-Packard beteiligt sind. Deren Involvement resultiert jedoch nicht aus Idealismus, sondern aus Kalkül: „Such actions are comparable to giving away the razor (the code) to sell more razor blades (the related consulting services [...])" (Lerner 2012: 43). Aus ähnlichen Gründen beteiligen sich SAP, Oracle und Adobe an quelloffenen Projekten. Insbesondere für kleinere Anbieter dient ein Involvement in wichtige Open-Source-Projekte darüber hinaus als „marketing tool to increase brand recognition" (Dahlander

& Magnusson 2008: 638): Gelingt es, das eigene Unternehmen mit prominenten Projekten zu assoziieren und davon ausgehend Fachbücher oder (internationale) Konferenzbeiträge zu lancieren, kann dies gegenüber Kunden und externen Entwicklern erheblich zur Steigerung des Firmenrenommees beitragen.

Eine spezielle Variante korporativen Open-Source-Engagements stellt die Entwicklung des mobilen Betriebssystems Android durch die *Open Handset Alliance* dar: Beworben als lupenreines Open-Source-Projekt und in der Literatur oft in eine Linie mit Projekten wie dem Linux Kernel gestellt (z. B. Herstatt & Ehls 2015: XVII), wird das Vorhaben de facto allein durch Google kontrolliert: Android-eigener Code steht unter permissiven Lizenzen, die Google in Kombination mit weiteren Rahmungen wie der ‚Compatibility Definition' umfassende Steuerungsmöglichkeiten einräumen. „Because it fully controls the development of the OS, Google can determine the technological specifications to which Android partners must abide." (Spreeuwenberg & Poell 2012) Mit der Lancierung von Android ging es Google augenscheinlich mit Erfolg vor allen Dingen darum, den nahtlosen Zugriff auf eigene Dienste und Angebote auf möglichst vielen Geräten zu ermöglichen: Während Google 2007 ca. 99 Prozent seines Umsatzes mit Werbung generierte, war der Verkauf digitaler Inhalte und Services 2015 für ca. 10 Prozent des Umsatzes (75 Mrd. USD) verantwortlich (Alphabet 2016).

Überdies bildeten sich Ende der 1990er Jahre eine Reihe an ‚*open source companies*' heraus, die ihr Kernprodukt – den Softwarecode – kostenfrei abgaben und mit Supportleistungen ein Geschäft aufzubauen suchten. Mit Ausnahme des Linux-Distributors Red Hat, der früh mit führenden Hardwareanbietern kooperiert hat und heute Marktführer im Bereich der kommerziellen Linux-Systeme ist (Ante 2014), sind die meisten dieser im Fahrwasser des New-Economy-Hypes lancierten Firmen allerdings schnell wieder eingegangen. Zwar sind im Open-Source-Umfeld zuletzt erneut Startups entstanden (z. B. Hortonworks). In ihrer Außendarstellung verzichten diese Firmen aber zumeist auf ‚Open Source' als primäres Differenzierungsmerkmal und zeichnen sich durch eine geringe Verbundenheit mit Richard Stallmans Reziprozitätsidealen aus (Bergquist et al. 2012). Vice versa sind es heute vor allem große Anbieter wie IBM („Open Source & Standards are key to making our planet smarter") oder Microsoft („Openness builds bridges between platforms and people"), die in ihrer Öffentlichkeitsarbeit auf ausgewählte Maximen freier Softwareentwicklung verweisen (IBM 2015a; Microsoft 2015).

Imagepflege ist allerdings nur einer der Gründe, warum führende IT-Konzerne als Sponsoren und Partner für ein breites Portfolio an Open-Source-Vorhaben auftreten. In vielen Fällen eröffnet ein finanzielles Engagement den investierenden Unternehmen überdies die Möglichkeit, die Ausrichtung der entsprechenden Projekte im- oder explizit im Sinne ihrer Partikularinteressen mitzugestalten (etwa durch einen Sitz im Managing Board). Eine exemplarische Zusammenschau der Open-Source-Projekte, die unter den Nutzern der Katalogisierungswebsite Open Hub Mitte 2016 am populärsten waren und zwischen 5/2015 und 5/2016 mehr als 2.000 Änderungen aufgewiesen haben (Tab. 4), führt vor Augen, dass der überwiegende Teil der dort aufgelisteten marktrelevanten und regelmäßig aktualisierten Projektgemeinschaften nicht ohne die finanzielle Unterstützung großer IT-Unternehmen auskommt, darunter in vielen Fällen Google, IBM und Hewlett-Packard. Im Falle korporativ initiierter Projekte (wie z. B. Android) liegt diese Verschränkung auf der Hand; aber auch stiftungsgetragene Communities (wie z. B. GNU oder der Apache HTTP Server) rekurrieren in ihrer Grundfinanzierung auf Unternehmungszuwendungen und sprechen ihren Geldgebern Sitze in den ‚boards' ihrer Dachorganisationen zu, welche die Entwicklungsaktivitäten zwar zumeist nicht direkt steuern, aber die technischen Infrastrukturen dafür bereitstellen und finanzielle Ressourcen verteilen.

Tab. 4 Populäre Projekte auf Open Hub (Webkatalog für Open Source) 2016

Projekt	Commits*	Dachorganisation	Primäre Finanzierungsquelle
Android	79.137	Google, Open Handset Alliance (90+ Unternehmen)	
Linux Kernel	66.926	Linux Foundation	Mitglieder (u. a. HP, Intel, IBM)
Mozilla Firefox	54.524	Mozilla Foundation	Spenden, Royalties (bis 2014: 90 % Google)
OpenStack	53.128	OpenStack Foundation	Mitglieder (u. a. HP, IBM, Red Hat)
KDE	29.472	KDE e. V.	Patronagen (u. a. Google, SUSE, Qt)
Debian Linux	26.782	Debian Project	Spenden, Partner (u. a. HP, 1&1, Simtec)
LibreOffice	17.045	Document Foundation	Spenden (u. a. Google, Red Hat, Intel)
GNU CC	7.751	Free Software Found.	Mitglieder, Patronagen (u. a. Google, IBM)
Apache HTTP Server	2.774	Apache Foundation	Spenden (u. a. Google, Microsoft, Facebook)

Datenquelle: Open Hub (Stand: 11/2016), Jahresberichte; *5/2015–5/2016

Die meisten großen Open-Source-Projekte stehen heute insofern in einem engen finanziellen Wechselverhältnis mit führenden IT-Konzernen, die als Teil ihrer übergreifenden Innovations- und Marktstrategien gezielt in spezifische Entwicklungsvorhaben investieren. Kombiniert mit ihrem Involvement in die konkrete Code-Entwicklung sichern sich die jeweiligen Unternehmen so einen nicht zu unterschätzenden Einfluss auf relevante Entwicklungsvorhaben und tragen zugleich signifikant zu einer Erhöhung der personellen wie finanziellen Planungssicherheit in den entsprechenden Projekten bei.

3 Typologie: Varianten quelloffener Softwareprojekte

In den letzten 15 Jahren ist quelloffene Software auf diese Weise zu einem integralen Bestandteil der IT-Branche geworden. Vor diesem Hintergrund hat sich ein breites Spektrum an unterschiedlich ausgerichteten Open-Source-Projekten herausgebildet: Am einen Ende des Spektrums finden sich Gemeinschaften, die nach wie vor Richard Stallmans gesellschaftsethischen Maximen verpflichtet sind, unabhängig von korporativen Interessen operieren und sich weitgehend an egalitären Organisationsprinzipien ausrichten; am anderen Ende lässt sich eine Vielzahl an Projekten identifizieren, die hierarchischen Entwicklungsmodellen folgen und unter der unmittelbaren Kontrolle großer Technologieunternehmen stehen (eingehender: Schrape 2016: 49–70). Dabei lassen sich entlang ihrer vorherrschenden Koordinationsweisen und dem Grad ihrer Unternehmensnähe gegenwärtig vier idealtypische Varianten unterscheiden (Abb. 2).

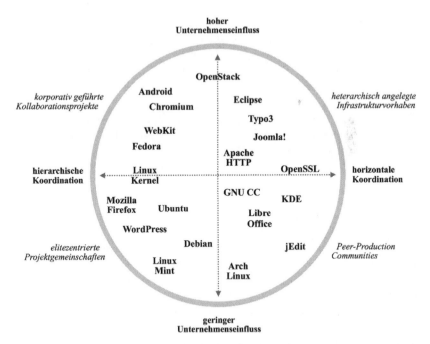

Abb. 2 Idealtypische Varianten quelloffener Softwareprojekte

Korporativ geführte Kollaborationsprojekte zeichnen sich durch prägnante Hierarchisierungen auf der Arbeitsebene aus und erarbeiten häufig marktzentrale Produkte. Angesichts der Dominanz von in Unternehmen angestellten Entwicklern unter den Beiträgern steht dabei allerdings weniger das Abschöpfen von „voluntary external work" (Schaarschmidt et al. 2015: 100) im Vordergrund, sondern vielmehr die projektbezogene Kollaboration mit anderen industriellen Stakeholdern, um gemeinsam Produkte zu erarbeiten und entsprechende Synergieeffekte ohne die Ausgestaltung formaler Kooperationsbeziehungen zu nutzen. In Android, WebKit (Rendering-Engine für Webbrowser) bzw. Fedora (Linux-Distribution) liegt die strategische Kontrolle des Projekts eindeutig bei Google, Apple bzw. Red Hat; im Cloud-Computing-Projekt OpenStack haben große Sponsoren ebenfalls einen hohen steuernden Einfluss. Im Android-Projekt beispielsweise mündet die permissive Lizenzierung des Source Codes, welche die Einbindung in kommerzielle Produkte erleichtert, in Verbindung mit dem ‚Contributor Agreement' und weiteren Rahmensetzungen wie der ‚Compatibity Definition' darin, dass Google praktisch im Alleingang die technischen Spezifikationen abstecken kann, denen die weitere Entwicklung und Produktumsetzung folgt. So kontrollieren die integrierten Programmierschnittstellen nicht nur den Zugriff auf spezifische Funktionen, sondern definieren zudem die Eigenschaften von Android-Geräten mit und legen die Einbindung Google-eigener Services nahe. Auch in OpenStack verteilt sich die Kontrolle der Entwicklungsaktivitäten auf Arbeitsebene neben einem gewählten Komitee auf die langfristig aktivsten industriellen Stakeholder, die als Platinsponsoren das Steuerungsboard der Stiftung dominieren, darunter HP, IBM, Intel und AT&T sowie die Linux Distributoren Red Hat, Canonical und SUSE. Eine solche korporative Kollaboration unter Open-Source-Lizenzmodellen trägt zur Überwindung zweier ‚knowledge sharing dilemmas' (Larsson et al. 1998; Cabrera & Cabrera 2002) im unternehmerischen Bereich bei: Zum einen verhindern quelloffene Lizenzen die Einzelaneignung des Codes. Zum anderen stellen sie sich Trittbrettfahrern entgegen, die von den Resultaten kollektiven Engagements profitieren wollen, ohne eigene Ressourcen einzubringen, denn in Open-Source-Projekten bleibt es nachvollziehbar, welche Firmen sich auf welche Elemente stützen und inwieweit sie an deren Entwicklung partizipieren (Henkel et al. 2014). Daneben bietet es sich in der Schöpfung von Softwareprodukten heute ohnehin an, auf existente quelloffene Elemente aufzubauen (West & Bogers 2014).

Elitezentrierte Projektgemeinschaften stützen sich ebenfalls zu einem Gutteil auf die Beiträge unternehmensaffiliierter Entwickler; sie stehen aber nicht unter der Kontrolle eines gewerblichen Akteurs. Ihre Koordination erfolgt entlang ausdifferenzierter Entscheidungspyramiden bzw. einem „lieutenant system built around a chain of trust" (Kernel.Org 2016), an deren Spitze oft ihr Gründer als ‚benevolent dictator' (z. B. Linux), ein langfristig installiertes Führungsteam (z. B. Mozilla) oder ein gewählter Projektleiter (z. B. Debian) steht. Kritische Entschlüsse werden durch diese Führungspersonen im Verbund mit einem kleinen Kernzirkel gefasst, wobei alle genannten Projekte auch unterhalb dieser Steuerungselite über herausgehobene Entscheidungsträger verfügen, die vereinheitlichend tätig werden. All dies beschneidet die Spielräume der beteiligten Entwickler, wirkt aber auch einer Fragmentierung der Projekte entgegen. Das höchste Maß an Top-Down-Management weist dabei Mozilla Firefox auf: Im Gegensatz zu anderen Open-Source-Stiftungen nimmt die Mozilla Foundation über ihre Tochterfirma mit über 1000 Angestellten direkten Einfluss auf die Projektarbeit (Mozilla 2015a) und stellte mit der Publikation des Firefox Browsers bereits ab 2004 auf ein „rather rigorously controlled model" (Stamelos 2014: 328) mit ausgeprägten Entscheidungshierarchien um – von „super-reviewers" über „stewards" bis hin zu zwei „ultimate decision makers" (Mozilla 2015b). Eine dieser ultimativen Positionen nimmt seit 1998 die ehemalige Netscape-Managerin Mitchell Baker ein, die auch CEO der Mozilla Corporation und Vorsitzende der Mozilla Foundation ist. Im Gegensatz dazu verfügt Debian seit 1997 über einen Gesellschaftsvertrag, eine Verfassung und einen im Jahresturnus neu gewählten Projektleiter, der – ähnlich wie ein CEO – das interne Projektmanagement übernimmt, die Gemeinschaft nach außen repräsentiert, deren ‚Vision' definiert sowie Ressourcen verteilen und Ad-Hoc-Entscheidungen treffen kann (Debian 2015; Coleman 2013). Unterhalb dieser Führungsebene lässt sich Debian als ‚bazaar of cathedrals' (Krafft 2010) beschreiben, in dem delegierte Entwickler jeweils eigenständige Module betreuen. Sowohl in Debian als auch in Mozilla sind die Projektrichtlinien formal fixiert worden; im Linux-Kernel-Projekt haben sich entlang des Führungsstils Torwalds' indes lediglich „opaque governing norms" herausgebildet, die im Konfliktfall der proklamierten Offenheit der Projekte entgegenlaufen: „[...] without the law or a clear mechanism of accountability those injured by or excluded from peer production processes have very limited recourse." (Kreiss et al. 2011: 252)

Heterarchisch angelegte Infrastrukturvorhaben, deren Produkte verbreiteten Einsatz unter der ‚sichtbaren' Oberfläche von IT-Architekturen erfahren, sind eng mit korporativen Kontexten verwoben, unterliegen aber nicht deren direkter Kontrolle: Entweder sie fußen (wie die Programmierumgebung Eclipse) auf ehemals proprietären Architekturen oder sie waren (wie der Apache HTTP Server) durch ein rasantes organisches Wachstum gekennzeichnet, da sie Lösungen für zuvor nicht adressierte Bereiche boten, und waren aus diesem Grund früh für entsprechend ausgerichtete Unternehmen interessant (Greenstein & Nagle 2014). Heute werden Infrastrukturvorhaben wie Eclipse, Joomla und Typo3 (Content-Management-Systeme) oder Apache primär von mittleren und großen IT-Firmen getragen, welche die entsprechenden Architekturen an ihre geschäftlichen Anforderungen anpassen wollen (Westenholz 2012). Ihre Communities werden aber nicht durch korporative Kernzirkel angeleitet, sondern operieren unter dem Dach von Stiftungen und sind horizontal entlang von Arbeitsgruppen strukturiert. Gleichwohl haben sich auch in diesen Projekten mit wachsender Größe und Marktrelevanz stufenartige Führungsstrukturen herausgebildet, die der Qualitätssicherung dienen und die Gemeinschaft im Falle divergierender Partikularinteressen zusammenhalten. An der Spitze dieser Entscheidungspyramiden steht oft das Steuerungsboard der assoziierten Stiftung, das strategische Grundentscheidungen trifft und sich in der Regel zu einem signifikanten Teil aus den größten beteiligten Unternehmen und korporativen Sponsoren zusammensetzt (so etwa im Falle von Eclipse). Auf Arbeitsebene werden Funktionsträger hingegen zumeist meritokratisch bzw. leistungsbezogen designiert; allerdings können sich von Unternehmen für das Projekt freigestellte Entwickler in der Regel deutlich intensiver als Freizeitprogrammierer in die Community einbringen und so eher Entscheidungspositionen erlangen.[4]

Egalitär ausgerichtete Peer-Production-Communities schließlich dienen qua Eigendefinition der marktunabhängigen und gleichberechtigten Kollaboration unter Freiwilligen. Sie bilden allerdings – wie sich an KDE (Desktop-Umgebung), der GNU Compiler Collection oder LibreOffice zeigen lässt – mit wachsender Größe in der Regel gleichermaßen hierarchische Entscheidungsstrukturen mit eindeutigen Machtasymmetrien sowie definierten Richtlinien heraus, die zur Kohärenz der Projekte beitragen sowie die übergreifende Koordination erleichtern, und verfügen überdies über einen stabilen Pool an korporativen Stakeholdern. Unterhalb dieser formalen Managementstrukturen lässt sich im Unterschied zu elitezentrierten Gemeinschaften zwar ein heterogenes Bouquet an informell strukturierten Arbeitsgruppen ausmachen. Im Falle von GNU CC, KDE und LibreOffice bestimmt sich die Projektaktivität gleichwohl zu einem großen Teil durch die Beiträge angestellter Entwickler, die sich weniger aus individueller Passion engagieren, sondern

---

4 Ein Sonderfall im Bereich der quelloffenen Infrastrukturstandards, der auf potenzielle Risiken des Open-Source-Modells hinweist, besteht in der Verschlüsselungssoftware OpenSSL, die seit Ende der 1990er Jahre in vielen gängigen Betriebssystemen und Webarchitekturen Einsatz findet. Trotzdem wurde OpenSSL bis 2014 im Wesentlichen durch einen Vollzeitprogrammierer sowie ein kleines, freiwilliges Kernteam entwickelt und erhielt kaum finanzielle Unterstützung durch die Softwareindustrie. Dieses Ungleichgewicht führte dazu, dass zwar kontinuierlich neue Features in OpenSSL integriert wurden, aber kaum mehr Wartungsarbeiten stattfanden, was 2012 in einem Flüchtigkeitsfehler in der Programmierung mündete, aus dem wiederum eine gravierende Sicherheitslücke (‚Heartbleed') resultierte, die erst 2014 entdeckt wurde und das Auslesen eigentlich geschützter Daten auf nahezu allen informationstechnischen Geräten weltweit ermöglichte (Stokel-Walker 2014).

weil sie dafür bezahlt werden. Überschaubarere Entwicklergemeinschaften wie Arch (Linux-Distribution) oder jEdit (Texteditor) richten ihre Produkte hingegen auf spezifische Anspruchsgruppen aus, sind für korporative Stakeholder eher uninteressant, werden durch kleine intrinsisch motivierte Entwicklerteams getragen und konnten daher bislang auf die Ausbildung ausgeprägter sozialer Strukturierungen verzichten. jEdit etwa verfügt weder über fixierte Arbeitsregeln noch Rollenverteilungen; die wenigen, nicht persönlich bekannten Entwickler koordinieren sich über eine projekteigene Plattform. Die Koordination des rund 30-köpfigen Kernteams von Arch Linux erfolgt über Mailinglisten und ein Wiki. Entschlüsse werden auf der Basis konsensorientierter Diskussionen mit Blick auf die beste technische Lösung zwischen den Kernentwicklern gefasst; dezidierte Kriterien für die Aufnahme in diesen inneren Kreis gibt es nicht. Sobald freilich die Gemeinschaft wächst und sich ihre Interaktionen mit externen Akteuren erhöhen, werden offenbar trotz aller technischen Effektivierungen auch in gesellschaftsethisch ausgerichteten Vorhaben ‚kathedralartige' Koordinationsmuster notwendig, um eine verlässliche Qualitätssicherung installieren und einen Stillstand der Entwicklung – wie es z. B. bei jEdit zuletzt immer wieder der Fall war – vermeiden zu können (Corbet 2015).

Der gemeinsame Nenner aller betrachteten Entwicklungsvorhaben besteht in den dahinterliegenden quelloffenen Lizenzmodellen, die ihre Produkte wirksam vor Proprietarisierung schützen und einen erwartungssicheren institutionellen Rahmen für die projektorientierte Zusammenarbeit zwischen Einzelentwicklern sowie Unternehmen bieten. Mit „Rebel Code" (Moody 2002) hat all dies gleichwohl nicht mehr viel gemein: Die Verschränkungen mit marktlichen Kontexten sind in vielen Fällen ausgeprägt, offener Quellcode mündet offenkundig nicht unmittelbar in transparenteren Koordinationsmustern als in anderen Arbeitszusammenhängen und trotz der technisch erweiterten Austauschmöglichkeiten bilden sich mit zunehmender Größe der Projektgemeinschaften regelmäßig hierarchisch gegliederte Entscheidungsstrukturen heraus. Zwar finden modulare und iterative Methoden auf operativer Ebene in allen diskutierten Vorhaben verbreitete Anwendung. Welchen Schwerpunkten das Projekt folgt, definieren aber im Regelfall jeweils nur wenige Entscheidungsträger. Entgegen dem Eindruck, „that the world of work is changing and that organizations (corporations, not-for-profits, universities) really don't matter as much as they used to" (Suddaby 2013: 1009), verlieren korporative Akteure in Open-Source-Projekten überdies keineswegs an Bedeutung, sondern bleiben als deren Initiatoren, Finanziers sowie als Arbeitgeber der involvierten Programmierer prominent im Spiel.

4 Einordnung: ‚Open Source' als soziotechnisch verstetigte kollektive Invention

Die Annahme, dass die technischen Infrastrukturen des Internets für sich genommen einer „ossification of power" in Open-Source-Projekten entgegenwirken, da sie dezentrale Organisations- und Arbeitsweisen beförderten und „easier pathways to challenge oligarchy" böten (Benkler 2013: 225), lässt sich in ihrer Radikalität ebenso wenig halten wie das Postulat einer „networked information economy" (Benkler 2006: 3), in der korporative Akteure gegenüber „nonproprietary, voluntaristic, self-organized practices" (Benkler 2013: 213) schlechthin an Relevanz verlieren sollen. Aus technik- und organisationssoziologischer Sicht lassen sich dafür im Wesentlichen zwei Gründe herausstellen.

Erstens bilden die in den Projekten genutzten technischen Infrastrukturen, Plattformen und Dienste zwar die zentrale handlungsorientierende Grundlage für die dortigen Arbeitsprozesse, effektivieren die projektinterne Koordination und erleichtern die Kommunikation nach außen. Daraus resultiert allerdings *keine Marginalisierung sozialer Strukturierungsleistungen*: Auch in Open-Source-Communities und ähnlichen digitalen Produktionsgemeinschaften (z. B. Wikipedia) bilden sich mit der Zeit kollektiv akzeptierte Regeln und Konventionen, Ziele und Leitorientierungen sowie abgestufte Entscheidungsstrukturen mit prägnanten Einflussasymmetrien heraus. Erst diese voraussetzungsreichen und zeitaufwändigen sozialen Institutionalisierungsdynamiken führen dazu, dass ein quelloffenes Softwareprojekt in der Eigen- und Fremdbeobachtung als Einheit wahrgenommen wird, kollektive Handlungs- und Strategiefähigkeit entwickeln und gegenüber externen Stakeholdern als verlässlicher (Kooperations-)Partner auftreten kann (Dolata & Schrape 2016; O'Mahony & Ferraro 2007).

Zweitens können korporative Akteure wie Unternehmen oder NGOs im Normalfall erheblich systematischer und auf lange Sicht deutlich verlässlicher als interessenbasierte Gemeinschaften aus freiwilligen Beiträgern handeln, weil sie über *formalisierte und situationsübergreifend abrufbare Entscheidungsroutinen* verfügen und ihre Ressourcen weitgehend losgelöst von den individuellen Präferenzen ihrer Mitglieder einsetzen können (Perrow 1991). Dies zeigt sich auch in Open-Source-Communities: Unternehmen und andere Organisationen können ihre Handlungsmittel auf lange Sicht erwartungssicherer als individuelle Beiträger (z. B. Hobbyisten, Freizeitprogrammierer, Studierende) in die Vorhaben einbringen, tragen so zur Erhöhung der Planungssicherheit in den jeweiligen Projektkontexten bei und verfügen dementsprechend oft über einen nicht zu unterschätzenden Einfluss auf deren Anlage und Orientierung. Ferner verfügen unabhängige Projekte, die nicht unter der Ägide eines Unternehmens stehen, in vielen Fällen über assoziierte gemeinnützige Organisationen, die als adressierbare Dachidentitäten für externe Stakeholder dienen, die Ausrichtung des jeweiligen Vorhabens definieren und die Gemeinschaft bei Konflikten stabilisieren können (Ahrne et al. 2016).

Lässt sich demnach nicht nur von einer Korporatisierung, sondern auch von einer stetig intensiveren ‚Kolonialisierung' von Open-Source-Projekten durch klassische Unternehmen und Wirtschaftsstrukturen sprechen? Tatsächlich zeigt sich in der skizzierten Langfristrekonstruktion, dass sich verbreitete Beispiele für das gerne kolportierte Idealbild einer unabhängigen, von korporativen Interessen abgekoppelten ‚commons-based peer production' vorrangig in der Anfangsphase onlinebasierter freier Softwareentwicklung in von Marktmechanismen weithin abgelösten Nischen finden lassen. Bereits ab Mitte der 1990er Jahre wurden günstig lizenzierbare quelloffene Softwarekomponenten freilich zu Eckpfeilern einer internetzentrierten Startup-Szene und in den Folgejahren stellen sich auch klassische Unternehmen auf die institutionellen Rahmenbedingungen freier Softwareentwicklung ein. Ein solcher Entwicklungsverlauf erscheint aus Sicht der neueren Innovationsforschung erst einmal nicht ungewöhnlich: Wie andere Nischeninnovationen auch wurden freie Softwareprojekte in ihrer Frühzeit getragen „by small networks of dedicated actors, often outsiders or fringe actors" und unterlagen einer zunehmenden Professionalisierung und Aneignung durch etablierte Wirtschaftsakteure, sobald sie für den allgemeinen IT-Markt interessant wurden (Geels & Schot 2007: 400; Dolata 2013: 68f.).

Tab. 5 Historische Beispiele für ‚collective invention'

Episode	Austauschprozesse	Resultat
The Cornish Pumping Engine ca. 1810–1850, Cornwall/London, England (Nuvolari 2004)	Austausch technischer Daten und individueller Fortschritte über Journale	Entwicklung einer brennstoffsparenden Hochdruck-Dampfmaschine
Papierherstellung ca. 1827–1857, New England, USA (McGaw 1987)	informeller Erfahrungsaustausch; Gemeinschaft von Mühlenbesitzern	Erhöhung der Produktivität durch Mechanisierung der Produktion
Hochofentechnologie ca. 1850–1880, Cleveland District, England (Allen 1983)	kollektiver Trial- & Error-Prozess; Wissensaustausch über Fachgesellschaften	Verringerung der Energiezufuhr durch Steigerung der Bauhöhen und Temperaturanpassungen
Flachbildschirme (LCD, Plasma) ca. 1969–1989, Japan/Europa/USA (Spencer 2003)	Wissenschaftliche Publikation von firmeneigener Forschung	Inkrementelle Verbesserung und Technologieentwicklung in der vorkommerziellen Phase
Homebrew Computer Club ca. 1975–1978 [1986], Silicon Valley, USA (Meyer 2003)	Informationsaustausch bis zu den Markterfolgen ausgegründeter Firmen	Entwicklung erster marktfähiger persönlicher Mikrocomputer und anderer IT-Produkte

Im Unterschied zu früheren Episoden der „collective invention" (Allen 1983: 23), in denen Organisationen oder individuelle Akteure ihre Wissensbestände in vom allgemeinen Markt abgekoppelten Nischen außerhalb formaler Kooperationsbeziehungen offen geteilt und so von „cumulative advance" profitiert haben (Tab. 5), sind quelloffene Softwareprojekte allerdings auch über die Initialphase von Innovationsprozessen hinaus bzw. nach der Herausbildung dominanter Lösungen und deren kommerzieller Verwertung überlebensfähig geblieben (Osterloh & Rota 2007), was sich aus der Perspektive der hier vorgestellten Rekonstruktionen auf folgende interagierende Faktoren zurückführen lässt:

- Zum einen haben sich in der freien Softwareentwicklung neben informellen Regeln und Arbeitskonventionen früh *rechtlich belastbare Lizenzmodelle* herausgebildet, die absichern, dass auch Derivate freier Software ausschließlich unter den gleichen Bedingungen weitergegeben werden können und so eine direkte Proprietarisierung und Kommodifizierung der kollektiven Arbeitsresultate verhindern. Sie sind heute die elementare Geschäftsgrundlage aller Open-Source-Projekte und bieten einen erwartungssicheren institutionellen Unterbau für den gegenstandsorientierten Wissensaustausch sowie die zielorientierte Kollaboration zwischen Einzelentwicklern wie Unternehmen, die auf anderen Feldern mitunter in scharfer Konkurrenz zueinander stehen (wie es z. B. hinsichtlich Google, Apple und Samsung der Fall ist).
- Zum anderen haben die durch die zunehmende elektronische Vernetzung beförderten effektivierten Kommunikationsmöglichkeiten nicht nur die Überprüfung der Einhaltung dieser lizenzrechtlichen Bedingungen (ähnlich wie bei wissenschaftlichen Plagiaten) vereinfacht und den Zugang zu den Entwicklungsvorhaben sowie die Diffusion und den Einsatz ihrer Produkte erheblich erleichtert, sondern durch eine drastische *Verringerung der Transaktionskosten* auch zur Lösung eines branchenzentralen Problems beigetragen: der Koordination großer Projektzusammenhänge mit örtlichen verteilten Entwicklern aus verschiedenen Arbeitskontexten (Brooks 1975).
- Und schließlich haben sich Open-Source-Entwicklungsvorhaben in einer sich seit 30 Jahren beständig ausweitenden und durch äußerst kurze Innovationszyklen geprägten Softwareindustrie als wichtige *Inkubatoren für neue Produktlinien und -plattformen* (wie z. B. Android), anwendungsübergreifend genutzte Frameworks, Komponenten und Bibliotheken (wie z. B. OpenSSL) sowie branchenfundamentale Infrastrukturen (wie z. B. die Cloud-Computing-Architektur OpenStack) erwiesen, gerade auch weil sich quelloffene Software ohne großen administrativen Aufwand durch die ausführenden Programmierer selbst erproben und an spezifische Anforderungen anpassen lässt.

Insoweit waren ab den 1980er Jahren nicht nur die erweiterten Formen der elektronischen Vernetzung, sondern ebenso die Kristallisation übergreifend akzeptierter Arbeitskonventionen und vor allem anderen die Definition tragfähiger Lizenzmodelle für den anhaltenden Erfolg quelloffener Entwicklungsvorhaben von zentraler Bedeutung. ‚Copyleft'-Lizenzen und ihre Ableitungen haben im Verbund mit den kommunikationserleichternden Eigenschaften der Onlinetechnologien in einer stetig umfassender informatisierten Arbeitswelt den soziotechnischen Rahmen für eine *auf Dauer gestellte Form kollektiver Invention* aufgespannt, die zunächst in subversiven Nischen Anwendung fand, nach der Jahrtausendwende als ergänzende Arbeitsmethode von der kommerziellen Softwareindustrie adaptiert wurde und heute zu einem festen Baustein der Innovationsstrategien aller etablierten IT-Anbieter geworden ist. Freie Lizenzmodelle sind heute keine „form of institutional jiujitsu" (Benkler 2002: 446) mehr vor einer erhofften Totalauflösung geistiger Eigentumsrechte (Coleman 2013: 185–215), sondern die rechtliche und strukturdefinierende Basis von organisationsübergreifenden Projektkontexten, die als Kollaborationsschnittstellen und Inkubatoren nicht in Konkurrenz zu eingespielten Formen soziökonomischer Produktion und Verwertung stehen, sondern diese ergänzen und erweitern. Vergleichbares gilt für andere digitale Arbeitsgemeinschaften (Allen & Potts 2016).

5 Bilanz

Unter der Bezeichnung ‚Open-Source-Communities' wird heute ein breites Spektrum an sehr unterschiedlich ausgerichteten Projekten in der Softwareentwicklung zusammengefasst – von *korporativ geführten Kollaborationsprojekten* zur Erarbeitung marktzentraler Produkte und Plattformen, die durch ein anleitendes Unternehmen gesteuert werden, über *heterarchisch angelegte Infrastrukturvorhaben*, die durch dezentralere Entscheidungsmuster geprägt sind, meist nicht durch kommerzielle Anbieter initiiert wurden, heute jedoch primär auf deren Leistungen basieren, sowie *elitezentrierten Projektgemeinschaften*, die sich durch einen moderateren Einfluss spezifischer Unternehmen auszeichnen, aber von eng definierten Kerngruppen geführt werden, bis hin zu einer vergleichsweise überschaubaren Zahl an *egalitär ausgerichteten Peer Production Communities*, die sich durch marktunabhängige Kollaboration unter Gleichberechtigten auszeichnen (Tab. 6).

Tab. 6 Ausprägungen aktueller Open-Source-Projekte

	Korporativ geführte Kollaborationsprojekte	Elitezentrierte Projektgemeinschaften	Heterarchisch angelegte Infrastrukturvorhaben	Egalitär ausgerichtete Peer Production Communities
Arbeitsorganisation	z. B. Android, WebKit, OpenStack primär hierarchisch	z. B. Linux Kernel, Debian, Mozilla Firefox primär hierarchisch	z. B. Apache HTTP, Eclipse, Joomla! horizontal – meritokratisch	z. B. GNU CC, Arch Linux, KDE horizontal – egalitär
Strategische Führung	Einzelunternehmen / Konsortium	Projektgründer / Projektleitung	Stiftungsvorstand / Steuerungsgruppe	Steuerungskomitee / Kernteam
Finanzierung	beteiligte Unternehmen	korporative Spenden / private Kleinspenden	vorrangig Zuwendungen von Unternehmen	vorrangig private Kleinspenden
Teilnehmerbasis	Mitarbeiter aus den beteiligten Unternehmen	angestellte und wenige freiwillige Entwickler	angestellte Entwickler und explizite Unternehmensvertreter	vorrangig freiwillige Entwickler

Der überwiegende Teil der großen und längerfristig aktiven Open-Source-Projekte lässt sich indes kaum mehr mit Eric S. Raymonds (1999: 21) Idee eines selbstorganisierten „great babbling bazaar" oder Yochai Benklers (2002: 375) Vorstellung einer „commons-based peer production" als „phenomenon of large- and medium-scale collaborations among individuals that are organized without markets or managerial hierarchies" in Bezug bringen. Vielmehr haben die meisten marktrelevanten Projektgemeinschaften inzwischen sehr prägnante, in aller Regel hierarchisch abgestufte Entscheidungsstrukturen mit ausgeprägten Einflussasymmetrien herausgebildet, folgen übergreifenden Entwicklungsplänen und sind in einem signifikanten Maße von dem personellen wie finanziellen Involvement größerer Technologieunternehmen abhängig.

Projektförmige Spielarten webbasierter Koproduktion und kollektiver Invention unter den soziotechnischen Rahmenbedingungen von Open-Source-Projekten und eingespielte Formen ökonomischer Koordination wie Markt oder Hierarchie stehen insofern weniger in einem konkurrierenden als vielmehr in einem sich überlagernden bzw. komplementären Verhältnis zueinander. Open-Source-Projekte haben in den letzten zwei Jahrzehnten die Kollaboration zwischen Entwicklern aus divergenten

Kontexten, die sachbezogene Zusammenarbeit ansonsten fallweise in Konkurrenz stehender Marktteilnehmer wie auch die innerorganisationalen Produktionsmodi flexibilisiert und den Softwaremarkt insgesamt durchlässiger gemacht. Gleichzeitig hat sich mit Blick auf dauerhaft aktive quelloffene Softwareprojekte aber auch gezeigt, dass frei verfügbarer Quellcode nicht zwangsläufig in transparenteren Koordinationsmustern als in anderen Arbeitszusammenhängen, in einer Disintermediation langfristig kristallisierter Ressourcen- und Einflussverteilungen oder in einer Demokratisierung von Innovationsprozessen resultiert. Pointiert formuliert: Offener Code alleine mündet noch nicht in offeneren Gesellschaftsstrukturen.

Der ungefilterte Übertrag der Vorstellung einer ‚commons-based peer production' in Reinform, die sich auch in Open-Source-Communities nur selten aufspüren lässt, auf angrenzende sozioökonomische Bereiche wie z. B. die Produktion materieller Güter (Rifkin 2014) oder gesellschaftspolitische Felder wie z. B. soziale Protestbewegungen (Bennett et al. 2014) bleibt vor diesem Hintergrund bestenfalls irreführend. Schlechtestenfalls überdecken entsprechende Narrative indes mit der digitalen Rekonfiguration der Gesellschaft einhergehende Entwicklungstendenzen, die dem Ideal einer offeneren und demokratischeren Wirtschafts- und Arbeitswelt entgegenstehen – beispielsweise eine schleichende Erosion „des historisch gewachsenen Systems der Regulation von Arbeit" (Boes et al. 2014: 71), die Einschränkung fundamentaler Verbraucherrechte durch die Nutzungsbedingungen vieler Onlinedienste oder eine medienhistorisch singuläre weltweite Anbieterkonzentration auf dem Feld der zentralen kommunikations- und informationstechnischen Infrastrukturen (vgl. zu dem Phänomen des ‚Openwashings' überdies: Pomerantz & Peek 2016).

Vor diesem Hintergrund erscheint es für sozialwissenschaftliche Beobachter wenig voranbringend, oft direkt in der San Francisco Bay Area oder anderen Zentren der IT-Industrie geschöpfte Schlagworte wie ‚Open Innovation', ‚Web 2.0' oder auch ‚Open Source' unmittelbar und weitgehend unreflektiert als „quasi-soziologische Fachbegriffe" zu adaptieren (Süssenguth 2015: 99). Ertragreicher ist es, die mit diesen Vokabeln verknüpften Erwartungen auf generalisierbare Muster abzuklopfen und deren gesellschaftliche Wirkungen nachzuzeichnen. Denn obgleich die mit Open-Source-Projekten und jüngeren Phänomenen wie der ‚Maker Economy' verknüpften „narratives of openness and individual empowerment" bis dato in ihrer Radikalität nicht eingelöst wurden (Ames et al. 2014: 1088), erfüllen sie in ihren jeweiligen Anwendungskontexten elementare kommunikative Funktionen: Sie erzeugen Aufmerksamkeit für neue Technologien, tragen zur Konstitution neuer Entwicklungspfade und -nischen bei, kanalisieren den Diskurs und dienen als Legitimationsbasis in wirtschaftlichen und politischen, aber auch wissenschaftlichen Entscheidungsprozessen. Insofern lassen sich die thematisierten Openness-Narrative durchaus als „produktive Kommunikationstypen" betrachten (Dickel &

Schrape 2015: 455, 2017) – sofern sie nicht als empirische Tatsachenbeschreibungen missverstanden werden, wie das in der Beobachtung von Open-Source-Projekten lange der Fall war.

Literatur

Ahrne, Göran / Brunsson, Nils / Seidl, David (2016): Resurrecting Organization by Going Beyond Organizations. In: *European Management Journal* 34(2), 93–101.

Allen, Darcy / Potts, Jason (2016): How Innovation Commons Contribute to Discovering and Developing New Technologies. In: *International Journal of the Commons* 10(2). https://thecommonsjournal.org/articles/10.18352/ijc.644/ (1/2017).

Allen, Robert C. (1983): Collective Invention. In: *Journal of Economic Behavior & Organization* 4(1), 1–24.

Alphabet Inc. (2016): *Form 10-K 2015*. Washington D.C.: United States Securities and Exchange Commission.

Ames, Morgan / Bardzell, Jeffrey / Bardzell, Shaowen / Lindtner, Silvia / Mellis, David / Rosner, Daniela (2014): Making Cultures: Empowerment, Participation, and Democracy–or not? In: *Proceedings of the 32nd Annual ACM Conference on Human Factors in Computing Systems*, 1087–1092.

Ante, Spencer (2014): Red Hat Plays Hardball on OpenStack Software. In: *The Wall Street Journal* (5/13/2014). http://on.wsj.com/14qBpus (1/2017).

Benkler, Yochai (2002): Coase's Penguin, or, Linux and ‚The Nature of the Firm'. In: *Yale Law Journal* 112, 369–446.

Benkler, Yochai (2004): Intellectual Property: Commons-based Strategies and the Problems of Patents. In: *Science* 305(5687), 1110–1011.

Benkler, Yochai (2006). *The Wealth of Networks: How Social Production Transforms Markets and Freedom*. New Haven: Yale University Press.

Benkler, Yochai (2013): Practical Anarchism, Peer Mutualism, Market Power, and the Fallible State. In: *Politics & Society* 41(2), 213–251.

Benkler, Yochai / Nissenbaum, Helen (2006): Commons-based Peer Production and Virtue. In: *Journal of Political Philosophy* 14(4), 394–419.

Bennett, W. Lance / Segerberg, Alexandra / Walker, Shawn (2014): Organization in the crowd: Peer production in large-scale networked protests. In: *Information, Communication & Society* 17(2), 232–260.

Bergquist, Magnus / Ljungberg, Jan / Rolandsson, Bertil (2012): Justifying the Value of Open Source. *ECIS Proceedings*. http://aisel.aisnet.org/ecis2012/122/ (1/2017).

Bezroukov, Nikolai (1999): A Second Look at the Cathedral and the Bazaar. In: *First Monday* 4(12). http://firstmonday.org/article/view/708/618 (1/2017).

Bitergia Inc. (2013): *Report on the Activity of Companies in the WebKit Project*. http://blog.bitergia.com/2013/02/06/report-on-the-activity-of-companies-in-the-webkit-project/ (1/2017).

Boes, Andreas / Kämpf, Tobias / Langes, Barbara / Lühr, Thomas / Steglich, Steffen (2014): *Cloudworking und die Zukunft der Arbeit – Kritische Analysen am Beispiel der Strategie „Generation Open" von IBM*. Kassel: Input.
Brooks, Frederick (1975): *The Mythical Man-Month*. Reading: Addison-Wesley.
Bulajewski, Mike (2011): The Peer Production Illusion, Part I. In: *MrTeaCup* (19.11.2011). http://www.mrteacup.org/post/peer-production-illusion-part-1.html (11/2016).
Burton, Grad (2002): A Personal Recollection: IBM's Unbundling of Software and Services. In: *IEEE Annals of the History of Computing* 24(3), 64–71.
Cabrera, Angel / Cabrera, Elizabeth F. (2002): Knowledge-Sharing Dilemmas. In: *Organization Studies* 23(5), 687–710.
Coleman, Gabriella (2013): *Coding Freedom. The Ethics and Aesthetics of Hacking*. Princeton: Princeton University Press.
Corbet, Jonathan (2015): Development Activity in LibreOffice and OpenOffice. In: *LWN.net* (3/25/2015). https://lwn.net/Articles/637735/ (1/2017).
Corbet, Jonathan / Kroah-Hartman, Greg (2016): *Linux Kernel Development Report*. San Francisco: The Linux Foundation.
Corbet, Jonathan / Kroah-Hartman, Greg / McPherson, Amanda (2009–2015): *Linux Kernel Development Report*. San Francisco: The Linux Foundation.
Dahlander, Linus / Magnusson, Mats (2008): How do Firms Make Use of Open Source Communities? In: *Long Range Planning* 41(6), 629–649.
Debian Projekt (2015): *Verfassung für das Debian-Projekt 1.5 (ratifiziert am 9.1.2015)*. https://www.debian.org/devel/constitution (1/2017).
Dickel, Sascha / Schrape, Jan-Felix (2015): Dezentralisierung, Demokratisierung, Emanzipation. Zur Architektur des digitalen Technikutopismus. In: *Leviathan* 43(3), 442– 463.
Dickel, Sascha / Schrape, Jan-Felix (2017): The Logic of Digital Utopianism. In: *Nano Ethics* 11(1), 47–58.
Dolata, Ulrich (2013): *The Transformative Capacity of New Technologies. A theory of sociotechnical change*. London / New York: Routledge.
Dolata, Ulrich (2015): Volatile Monopole. Konzentration, Konkurrenz und Innovationsstrategien der Internetkonzerne. In: *Berliner Journal für Soziologie* 24(4), 505–529.
Dolata, Ulrich / Schrape, Jan-Felix (2016): Masses, Crowds, Communities, Movements: Collective Action in the Internet Age. In: *Social Movement Studies* 15(1), 1–18.
Driver, Marc (2014): *Within the Enterprise, Open Source Must Coexist in a Hybrid IT Portfolio*. Gartner Inc. Research Report. Stamford: Gartner Inc.
Fisher, Franklin M. / McKie, James W. / Mancke, Richard B. (1983): *IBM and the US Data Processing Industry: An Economic History*. Santa Barbara: Praeger.
Fitzgerald, Brian (2006): The Transformation of Open Source Software. In: *MIS Quarterly* 30(3), 587–598.
Free Software Foundation (1989): *GNU General Public License (GPL) Version 1.0*. http://www.gnu.org/licenses/old-licenses/gpl-1.0.en.html (1/2017).
Gates, Bill (1976): An Open Letter to Hobbyists. In: *Computer Notes* 1(9), 3.
Geels, Frank W. / Schot, Johan W. (2007): Typology of Sociotechnical Transition Pathways. In: *Research Policy* 36(3), 399–417.
Gelsi, Steve (1999): VA Linux Rockets 698 %. In: *CBS Marketwatch* (12/10/1999). http://www.cbsnews.com/news/va-linux-rockets-698/ (1/2017).
Greenstein, Shane / Nagle, Frank (2014): Digital Dark Matter and the Economic Contribution of Apache. In: *Research Policy* 43(4), 623–631.

Gulley, Ned / Lakhani, Karim (2010): *The Determinants of Individual Performance and Collective Value in Private-collective Software Innovation.* Harvard Business School Technology & Operations Management Unit Working Paper 10/065.

Haas, Peter M. (1992): Epistemic Communities and International Policy Coordination. In: *International Organization* 46, 1–35.

Henkel, Joachim / Schöberl, Simone / Alexy, Oliver (2014): The Emergence of Openness: How and Why Firms Adopt Selective Revealing in Open Innovation. In: *Research Policy* 43(5), 879–890.

Herstatt, Cornelius / Ehls, Daniel (2015): *Open Source Innovation: Phenomenon, Participant Behaviour, Business Implications.* New York: Routledge.

Holtgrewe, Ursula / Werle, Raymund (2001): De-Commodifying Software? Open Source Software Between Business Strategy and Social Movement. In: *Science Studies* 14(2), 43–65.

IBM Corp. (2015a): *Open Source and Standards.* http://researcher.watson.ibm.com/researcher/view_page.php?id=6943 (1/2017).

IBM Corp. (2015b): *2014 Annual Report.* http://www.ibm.com/annualreport/2014/bin/assets/IBM-Annual-Report-2014.pdf (1/2015).

Jaeger, Till (2010): Enforcement of the GNU GPL in Germany and Europe. In: *Journal of Intellectual Property, Information Technology and E-Commerce Law* 1/2010, 34–39.

Kernel.Org (2016): *How to Get Your Change Into the Linux Kernel.* https://kernel.org/doc/html/latest/process/submitting-patches.html (1/2017).

Kolassa, Carsten / Riehle, Dirk / Riemer, Philip / Schmidt, Michael (2014): Paid vs. Volunteer Work in Open Source. In: *Proceedings 47th Hawaii Int. Conference on System Sciences,* 3286–3295.

Krafft, Martin F. (2010): *A Delphi Study of the Influences on Innovation Adoption and Process Evolution in a Large Open Source Project: The Case of Debian.* Dissertation. Limerick: University of Limerick, Department of Computer Science & Information Systems.

Kranich, Nancy / Schement, Jorge R. (2008): Information Commons. In: *Annual Review of Information Science and Technology* 42(1), 546–591.

Kreiss, Daniel / Finn, Megan / Turner, Fred (2011): The Limits of Peer Production: Some Reminders from Max Weber for the Network Society. In: *New Media & Society* 13(2), 243–259.

Lakhani, Karim R. / Hippel, Eric von (2003): How Open Source Software Works. In: *Research Policy* 32, 923–943.

Larsson, Rikard / Bengtsson, Lars / Henriksson, Kristina / Sparks Judith (1998): The Interorganizational Learning Dilemma: Collective Knowledge Development in Strategic Alliances. In: *Organization Science* 9(3), 285–305.

Lerner, Joshua (2012): *The Architecture of Innovation.* Boston: Harvard Business Press.

Lerner, Joshua / Schankerman, Mark (2010): *The Comingled Code. Open Source and Economic Development.* Cambridge: MIT Press.

Lerner, Joshua / Tirole, Jean (2002): Some Simple Economics of Open Source. In: *Journal of Industrial Economics* 50(2), 197–234.

Lerner, Joshua / Tirole, Jean (2005): The Scope of Open Source Licensing. In: *Journal of Law, Economics & Organization* 21(1), 20–56.

Lessig, Lawrence (1999): *CODE and Other Laws of Cyberspace.* New York: Basic Books.

Levy, Steven (1984): *Hackers: Heroes of the Computer Revolution.* Garden City: Anchor Press.

Lowood, Henry (2009): Videogames in Computer Space: The Complex History of Pong. In: *IEEE Annals of the History of Computing* 31(3), 5–19.

Martin, James (1991): *Rapid Application Development*. Indianapolis: Macmillan.
McGaw, Judith A. (1987): *Most Wonderful Machine: Mechanization and Social Change in Berkshire Paper Making 1801–1885*. Princeton: Princeton University Press.
Menell, Peter S. (2002): Envisioning Copyright Law's Digital Future. In: *New York Law School Review* 46, 63–199.
Meyer, Peter B. (2003): *Episodes of Collective Invention*. BLS Working Paper 368. Washington: U.S. Bureau of Labor Statistics.
Microsoft Corp. (2015): *Openness*. http://www.microsoft.com/en-us/openness/index.aspx (1/2017).
Moody, Glyn (2002): *Rebel Code. The Inside Story of Linux and the Open Source Revolution*. New York: Basic Books.
Mozilla Foundation (2015a): *Mozilla Organizations*. https://www.mozilla.org/en-US/about/ (1/2017).
Mozilla Foundation (2015b): *Mozilla Roles and Leadership*. https://www.mozilla.org/en-US/about/governance/roles/ (1/2017).
Netscape Communications (1998): *Netscape Announces Mozilla.org*. Press Release (2/23/1998).
Nuvolari, Alessandro (2004): Collective Invention during the British Industrial Revolution: The Case of the Cornish Pumping Engine. In: *Cambridge Journal of Economics* 28(3), 347–363.
O'Mahony, Siobhán (2003): Guarding the Commons. How Community Managed Software Projects Protect their Work. In: *Research Policy* 32, 1179–1198.
O'Mahony, Siobhán / Ferraro, Fabrizio (2007): The Emergence of Governance in an Open Source Community. In: *Academy of Management Journal* 50(5), 1079–1106.
O'Reilly, Tim (2000): Re: Open Source and OpenGL. In: *Ask Tim Forum* (12/15/2000). http://archive.oreilly.com/pub/a/oreilly/ask_tim/2000/opengl_1200.html (1/2017).
Osterloh, Margit / Rota, Sandra (2007): Open Source Software Development: Just another Case of Collective Invention? In: *Research Policy* 36, 157–171.
Perrow, Charles (1991): A Society of Organizations. In: *Theory & Society* 20, 725–762.
Pomerantz, Jeffrey / Peek, Robin (2016): Fifty Shades of Open. In: *First Monday* 21(5). http://dx.doi.org/10.5210/fm.v21i5.6360 (1/2017).
Raymond, Eric S. (1998): *Goodbye, „free software"; Hello, „open source"*. Announcement vom 22.11.1998. ftp://ftp.lab.unb.br/pub/computing/museum/esr/open-source.html (2/2017).
Raymond, Eric S. (1999): *The Cathedral and the Bazaar*. Sebastopol: O'Reilly.
Rifkin, Jeremy (2014): *The Zero Marginal Cost Society*. New York: Palgrave Macmillan.
Schaarschmidt, Mario / Walsh, Gianfranco / Kortzfleisch, Harald F. (2015): How Do Firms Influence Open Source Software Communities? In: *Information and Organization* 25(2), 99–114.
Schrape, Jan-Felix (2016): *Open-Source-Projekte als Utopie, Methode und Innovationsstrategie*. Glückstadt: Hülsbusch.
Spencer, Jennifer W. (2003): Firms' Knowledge-sharing Strategies in the Global Innovation System. Evidence from the Flat Panel Display Industry. In: *Strategic Management Journal* 24(3), 217–233.
Spinellis, Diomidis / Giannikas, Vaggelis (2012): Organizational Adoption of Open Source Software. In: *Journal of Systems and Software* 85(3), 666–682.
Spreeuwenberg, Kimberley / Poell, Thomas (2012): Android and the Political Economy of the Mobile Internet. In: *First Monday* 17(7). http://dx.doi.org/10.5210/fm.v17i7.4050 (11/2017).
Stallman, Richard (1983): *New UNIX Implementation*. http://bit.ly/1DSDoXW (1/2017).

Stamelos, Ionnais (2014): Management and Coordination of Free/Open Source Projects. In: Ruhe, Günther / Wohlin, Claes (Eds.): *Software Projekt Management in a Changing World*. New York: Springer, 321–341.

Stokel-Walker, Chris (2014): The Internet Is Being Protected By Two Guys Named Steve. In: *Buzzfeed* (4/24.2014). http://www.buzzfeed.com/chrisstokelwalker/the-internet-is-being-protected-by-two-guys-named-st#.ooP0j2q2z (1/2017).

Suddaby, Roy (2013): Book Review: The Janus Face of Commercial Open Source Software Communities. In: *Organization Studies* 34(7), 1009–1011.

Süssenguth, Florian (2015): Die Organisation des digitalen Wandels. In: Süssenguth, Florian (Hrsg): *Die Gesellschaft der Daten*. Bielefeld: Transcript, 93–121.

Tapscott, Don / Williams, Anthony D. (2006): *Wikinomics: How Mass Collaboration changes Everything*. New York: Portfolio.

Torvalds, Linus (1998): LINUX Manifesto. Interview. In: *Boot Magazine* 1998(7/8), 32–37.

Torvalds, Linus (2002): Re: [PATCH] Remove Bitkeeper Documentation from Linux Tree. In: *Linux Kernel Mailinglist* (4/20/2002). http://lwn.net/2002/0425/a/ideology-sucks.php3 (1/2017).

Weber, Steven (2000): *The Political Economy of Open Source*. BRIE Working Paper 140. Berkeley: University of California.

West, Joel / Bogers, Marcel (2014): Leveraging External Sources of Innovation. A Review of Research on Open Innovation. In: *Journal of Product Innovation Management* 31(4), 814–831.

Westenholz, Ann (Eds.) (2012): *The Janus Face of Commercial Open Source Software Communities*. Copenhagen: Copenhagen Business School Press.

Internetkonzerne:
Konzentration, Konkurrenz und Macht

Ulrich Dolata

1 Einleitung

Obgleich das Internet auch heute noch Spielraum für dezentrale und kollaborativ betriebene Produktions- und Innovationsprozesse oder die Herausbildung neuer start-up-Firmen wie Snapchat, Airbnb oder Uber bietet, werden große Teile des Netzes mittlerweile von den Angeboten weniger Internetkonzerne beherrscht, die alle in den USA ihren Hauptsitz haben. Namentlich sind dies Google (2015 in Alphabet umbenannt), Facebook, Amazon und Apple. Sie dominieren nicht nur wesentliche Angebote und Märkte des Internets. Sie regeln als Betreiber der zentralen Infrastrukturen auch die Zugänge zum Netz, strukturieren die Kommunikationsmöglichkeiten der Nutzer, sind wesentliche Treiber des Innovationsprozesses und prägen als große Arbeitgeber auch die Arbeitsbedingungen im kommerziellen Internet. Mit Ausnahme von Facebook (Platz 157) gehören sie zu den 50 umsatzstärksten Konzernen der USA – in 2015 mit Apple auf Platz 3, Amazon auf Platz 18 und Google auf Platz 36 (Tab. 1; Fortune 500 2016).

Im Zentrum der folgenden Ausführungen, die auf der Auswertung von Geschäftsberichten, Dokumenten, verfügbarem empirischem Material, Literatur und Presseberichten basieren, steht die ökonomische, infrastrukturelle und regelsetzende Macht, die diese Konzerne mittlerweile erlangt haben. Die vorgestellten Befunde sind von einer Dezentralisierung der Markt- und Demokratisierung der Innovationsprozesse ebenso weit entfernt wie von Vorstellungen einer vornehmlich offenen und kollaborativ betriebenen Technik- und Produktentwicklung (Chesbrough 2003a, 2003b; Hippel 2005; Benkler 2006; Tapscott & Williams 2006). Nicht Dezentralisierung, Demokratisierung und Kooperation, sondern Konzentration, Kontrolle und Macht sind, so die hier vertretene These, die Schlüsselprozesse und -kategorien, mit denen sich die wesentlichen Entwicklungstendenzen des (kommerziellen) Internets angemessen erfassen lassen.

Diese These wird in mehreren Schritten entwickelt. Zunächst werden die Konzentrationsprozesse in wesentlichen Segmenten und Märkten des (mobilen) Internets in den Blick genommen und die zentralen Linien der Expansion und Konkurrenz zwischen den Internetkonzernen herausgearbeitet. Eine allerorten starke Angebots- und Marktkonzentration geht mit scharfen duo- bzw. oligopolistischen Konkurrenzauseinandersetzungen zwischen den führenden Konzernen um zumindest temporäre Monopolstellungen im Netz einher, die vor allem über die Erzielung von Innovationsvorsprüngen geführt werden. Dementsprechend werden daran anschließend die Innovationsstrategien der Internetkonzerne analysiert und systematisiert, deren zentrales Charakteristikum eine nach wie vor starke inhouse-Orientierung ist: Strategisch relevante Projekte werden in den konzerneigenen Forschungs- und Entwicklungszentren unter Bedingungen strenger Geheimhaltung durchgeführt; externes know-how wird vor allem über Akquisitionen erworben und in die eigene Forschung integriert. Im bilanzierenden Schlussteil werden die Expansions- und Innovationsstrategien der Großunternehmen des Internets zusammengefasst und die Frage diskutiert, wie sich deren Dominanz nicht nur in ökonomischer, sondern auch in infrastruktureller, regelsetzender und datenbezogener Macht niederschlägt.

2 Konzentration: Marktmacht und Domänenabsicherung

Ökonomisch betrachtet ist das Internet kein abgrenzbarer Wirtschaftssektor mit gut ausgelegter Datenbasis (wie etwa die Automobil- oder die Pharmaindustrie), sondern bietet Raum für vergleichsweise wenige und dabei recht unterschiedliche kommerzielle Aktivitäten, vor allem für Werbung, Handel, Vermittlungsdienste und den Verkauf von multifunktionalen Geräten. Auch die *Marktstrukturen im Internet* unterscheiden sich von vielen klassischen Märkten. Oft fungieren die Konzerne hier als Intermediäre auf sogenannten zweiseitigen Märkten: Die kommerzielle Attraktivität ihrer Angebote etwa für Werbetreibende oder Händler auf der einen hängt dort direkt von der Zahl der regelmäßig aktiven Nutzer ihrer kostenlosen Dienste auf der anderen Seite des Marktes ab. Dieser Effekt ist besonders auffällig bei Suchmaschinen oder Social Networking Plattformen: Der ökonomische Erfolg von Google und Facebook als Werbe- und Marketingunternehmen resultiert aus der großen Zahl ihrer Nutzer, durch die diese Plattformen für Werbetreibende besonders interessant werden. Auch Handels- oder Vermittlungsplattformen wie Amazon, booking.com oder Airbnb funktionieren nach diesem Prinzip (Rochet & Tirole 2003).

Eine Betrachtung der wichtigsten Segmente und Märkte des kommerziellen Internets zeigt, dass jeder der hier im Fokus stehenden Konzerne seine eigene Domäne hat.[1]

Das Segment der *Suchmaschinen* wird weltweit von Google als Quasi-Monopolist beherrscht. In allen führenden westlichen Ländern (mit Ausnahme von Japan) ist der Konzern der unangefochtene Monopolist auf diesem Gebiet – mit Anteilen an allen getätigten Suchanfragen von zumeist deutlich über 90 % (Netmarketshare 2016a). Andere Angebote wie die des Suchmaschinenpioniers Yahoo oder Bing von Microsoft sind heute bedeutungslos; zahlreiche kleinere und spezialisierte Suchmaschinenanbieter erzeugen ihre Ergebnisse mittlerweile über Google.

Im Bereich der *sozialen Netzwerke* hat sich Facebook in wenigen Jahren vom Newcomer zum weltweit dominierenden Unternehmen entwickelt, das ehemals führende Plattformen wie MySpace oder – in Deutschland – StudiVZ in die Bedeutungslosigkeit gedrängt hat. Mitte 2016 waren 1,7 Milliarden Menschen als monatlich aktive User bei Facebook registriert, etwa eine Milliarde bei WhatsApp und 500 Millionen bei Instagram (Facebook 2017). Das Segment der sozialen Netzwerke dominiert Facebook mit seinen beiden Tochterunternehmen derzeit ähnlich unangefochten wie Google den Suchmaschinenmarkt.

Suchmaschinen und soziale Netzwerke sind zwar keine Märkte, bilden aber die Grundlage des eigentlichen Kerngeschäfts der beiden Konzerne mit *Internetwerbung*, über das sie den weit überwiegenden Teil ihrer Umsätze generieren (Tab.1). Internetwerbung ist ein schnell wachsender und hochkonzentrierter Markt (Evans 2008), auf den in den USA 2015 mit 59,6 Mrd. $ bereits ein Drittel (33 %) aller Werbeeinnahmen entfielen. Lediglich über die Fernsehwerbung (Broadcast und Cable Television) wurden mit 66,3 Mrd. $ höhere Einnahmen erzielt. 2015 wurden in den USA 75 % des gesamten Umsatzes mit Werbeeinnahmen im Internet von den führenden zehn Werbeunternehmen in diesem Segment realisiert. Allein auf den Marktführer Google, der 45 % seines Umsatzes in den USA macht, entfielen dort gut 50 % der Werbeeinnahmen aus dem Internet. Auch weltweit wird dieses

---

1 Wenn im Folgenden von *kommerziellem Internet* die Rede ist, dann bezieht sich das auf konsumorientierte ökonomische Angebote und Märkte, die in der ökonomischen Literatur als Business-to-Consumer E-Commerce (B2C) bezeichnet werden. Die hier untersuchten Internetkonzerne sind überwiegend in diesem Segment aktiv, das, betrachtet man den gesamten E-Commerce einschließlich der ökonomischen Aktivitäten, die zwischen Unternehmen stattfinden (Business-to-Business E-Commerce; B2B), anteilsmäßig klein ist. „While the Internet economy is generally thought of as enterprises selling to consumers, the vast majority of e-commerce is actually comprised of businesses selling to other businesses. In 2007, roughly 90 percent of global e-commerce was B2B." (Atkinson et al. 2010: 22)

Segment eindeutig von Google beherrscht, mit deutlichem Abstand gefolgt von Facebook, Yahoo, Microsoft und Twitter (Price Waterhouse Coopers 2016; Tab. 1). Ein Monopolist ist Google auf diesem Markt freilich nicht: Im Bereich der Internetwerbung ist Facebook seit Mitte der 2010er Jahr der größte Herausforderer; darüber hinaus steht die Internetwerbung natürlich nach wie vor in Konkurrenz zu anderen werbetreibenden Medien wie Fernsehen, Radio oder Zeitschriften.

Tab. 1 Internetkonzerne – ökonomische Kerndaten 2016

Unternehmen fiscal year end	Umsatz in Mrd. US-$	Kerngeschäft in Mrd. US-$	FuE in Mrd. US-$	Anteil FuE am Umsatz in %	Beschäftigte in Tausend	Davon: In FuE in Tausend
Apple (9/2016)	215,6	180,1 Hardware[a] (84 %)	10,0	4,6	116.000	k.A.
Amazon (12/2016)	136,0	120,4 Handel (89 %)	16,1[b]	11,8	341.400	k.A.
Microsoft (6/2016)	85,3	71,3[c] Software / Services (84 %)	12,0	14,1	114.000	37.000 (32 %)
Google[d] (12/2016)	90,3	79,4 Werbung (88 %)	13,9	15,4	72.053	27.169 (38 %)
Facebook (12/2016)	27,6	26,9 Werbung (97 %)	5,9	21,4	17.048	k.A.

a iPhone, iPad, iPod und Mac.

b Amazon führt FuE unter dem Label ‚Technology and Content', unter dem weit mehr als Forschung und Entwicklung verstanden wird: „Technology costs consist principally of research and development activities including payroll and related expenses for employees involved in application, production, maintenance, operation, and platform development for new and existing products and services, as well as AWS and other technology infrastructure expenses. Content costs consist principally of payroll and related expenses for employees involved in category expansion, editorial content, buying, and merchandising selection." (Amazon 2013: 42, 27).

c Gesamtumsatz abzüglich des Umsatzes mit Hardware (Computing, Gaming and Phone Hardware).

d Seit 2015 Alphabet Inc. (einschließlich Google).

Quellen: Annual Reports (Form 10-K) der Konzerne.

Der *Internethandel* ist die Domäne von Amazon, dem mit Abstand größten Einzelhändler im Internet (Stone 2013). Weltweit erwirtschaftete der Konzern bereits 2013 einen höheren Umsatz im Internethandel als die folgenden neun größten Internethändler zusammen (National Retail Federation 2013). In Deutschland, dem zweitgrößten Markt des Konzerns, entfiel 2015 mit 7,8 Mrd. € knapp ein Drittel des Gesamtumsatzes der Hundert größten Onlinehändler auf Amazon, gefolgt von Otto (2,3 Mrd. €) und Zalando (1,0 Mrd. €) (EHI Retail Institute 2016). Auch hier zeigen sich die Effekte zweiseitiger Märkte: Je mehr Konsumenten auf Amazon zurückgreifen, desto interessanter wird die Plattform für Händler – und desto stärker kann Amazon die Bedingungen diktieren, unter denen diese ihre Angebote dort einstellen dürfen. Zu berücksichtigen ist allerdings, dass der Handel im Internet mit einem Umsatzanteil von etwa 10 % nach wie vor ein kleiner Teilbereich des gesamten Einzelhandels ist, der insgesamt noch von klassischen Handelsunternehmen dominiert wird. Immerhin lag Amazon 2015 bereits auf Platz 9 der weltweit größten Einzelhändler (Handelsverband Deutschland 2016; National Retail Federation 2015).

Apple schließlich hat sich seit Beginn der 2000er Jahre von einem Nischenanbieter für PCs zum führenden und trendbestimmenden Hersteller auf dem *Markt multimedialer Geräte* entwickelt: iPod und iTunes waren in ihrer Kombination konstitutiv für den internetbasierten Musikmarkt, mit dem iPhone und dem proprietären Betriebssystem iOS begann der Siegeszug der Smartphones, mit dem iPad eröffnete Apple den Markt für Tablet PCs. Dies ging mit einem fulminanten Umsatzwachstum von 5,4 Mrd. \$ (2001) auf knapp 216 Mrd. \$ (2016) einher. Auch Apple ist auf seinen eher klassisch ausgerichteten Konsumentenmärkten allerdings kein Monopolist, sondern steht unter massivem Wettbewerbsdruck.

Der ausgesprochen dynamische und heftig umkämpfte *Markt für mobile Geräte*, der zuvor von Nokia beherrscht wurde, wird seit dem Aufkommen von Smartphones von Apple und dem südkoreanischen Hersteller Samsung Electronics dominiert. Betrachtet man die Zahl der 2015 weltweit verkauften Smartphones, dann entfielen auf diese beiden Hersteller zusammen allerdings nur knapp 40 %, gefolgt von einer Reihe kleinerer Konkurrenten wie Huawei (Statista 2016). Im Bereich der *Betriebssysteme mobiler Geräte* sind Google und Apple seit einigen Jahren die zentralen Spieler und Konkurrenten: 2016 war auf 64 % aller Geräte Googles offenes System Android und auf 29 % Apples proprietäres System iOS installiert (Netmarketshare 2016b).

Obgleich das kommerzielle Internet ein relativ neues Phänomen ist, werden seine Eckpfeiler – konsumorientierter Handel, Werbung, Dienste, Geräte und Software – mittlerweile von wenigen Konzernen maßgeblich geprägt – und das nicht national begrenzt, sondern international. Verantwortlich dafür sind verschiedene

Faktoren, die in ihrem Zusammenwirken den hohen Konzentrationsgrad in den verschiedenen Segmenten des Internets erklären.

Für viele Internetangebote sind direkte bzw. indirekte *Netzwerkeffekte* typisch. Das vermeintlich egalitäre und dezentrale Netz produziert bereits im normalen Gang der Dinge durch das gleichgerichtete Verhalten zahlloser Nutzer wenige zentrale Orte der Suche, der Kommunikation, der Vernetzung und des Konsums (Barabasi & Bonabeau 2003). In reiner Form finden sie sich zum Beispiel auf Social Media Plattformen wie Facebook, YouTube oder Twitter: Je stärker derartige Web-Angebote genutzt werden und je mehr Mitglieder sie haben, desto interessanter werden sie für weitere Nutzer, die auch dorthin gehen, und desto schwieriger wird es für alternative Angebote, mit den bereits etablierten auf Augenhöhe zu konkurrieren. Auch Handelsplattformen oder Suchangebote können von solchen Netzwerkeffekten profitieren. Eine große Handelsplattform wie Amazon kann aufgrund seiner hohen Akzeptanz und seiner breiten Produktpalette zusätzliche Nutzer anziehen. Eine führende Suchmaschine wie Google kann aufgrund der zahlreichen Nutzer, die dieses Angebot präferieren, nicht nur zusätzliches Vertrauen in die überlegene Qualität seiner Suchergebnisse erzeugen, die sie für weitere Nutzer attraktiv macht, sondern auch aufgrund der Masse der Daten, die dort über einen längeren Zeitraum generiert werden, die Qualität seines Suchalgorithmus selbst kontinuierlich verbessern und sich dadurch von potenziellen Konkurrenten weiter absetzen. Derartige Netzwerkeffekte führen im Ergebnis zu Quasi-Monopolen, die durch das massenhafte Verhalten von Nutzern nicht nur erzeugt, sondern von ihnen oft auch gewünscht werden (Shelanski 2013; Monopolkommission 2014: 58–73).

Nicht nur massenhaft gleichgerichtetes Verhalten von Nutzern kann derartige Matthäus-Effekte erzeugen. Die Reichweite und Reputation eines Angebots zieht darüber hinaus indirekte Netzwerkeffekte nach sich, die von Akteuren auf der anderen Seite des Marktes angestoßen werden (Haucap & Wenzel 2011; Haucap & Heimeshoff 2014). Ein dominierendes soziales Netzwerk oder eine oft genutzte Suchmaschine werden für Anzeigenkunden besonders interessant, die aufgrund der Reichweite der Angebote ihre Werbeaktivitäten ebenfalls dort bündeln und dadurch zur Konzentration des Werbemarktes im Internet beitragen. Ein führendes Handelsunternehmen wie Amazon wird aufgrund seiner Visibilität und zentralen Stellung im E-commerce als Intermediär für Produktanbieter und Einzelhändler besonders relevant, die ihre Angebote bevorzugt dort einstellen. Und stark frequentierte App Stores wie die von Google und Apple sind nicht nur für Endverbraucher ein wesentliches Kriterium ihrer Gerätewahl, sondern werden auch für zahllose Software-Entwickler zur präferierten Adresse der Präsentation und Vermarktung ihrer Applikationen.

Derartige Netzwerkeffekte können sich verstärken, wenn der Wechsel von einem Angebot zu einem anderen mit vergleichsweise hohen *Switching Costs* verbunden ist (Pollock 2010). Alle Konzerne arbeiten intensiv daran, Nutzer, Kunden, Anbieter und Werbetreibende möglichst umfassend und dauerhaft an ihre Dienste zu binden. Proprietäre technische Systemwelten, wie sie von Apple und Amazon mit ihren Hardwareangeboten und den darauf abgestimmten Programmen und Diensten bereitgestellt werden, sind nur exklusiv nutzbar und konstituieren beachtliche Hürden für einen späteren Systemwechsel. Auch offene Systeme wie das Betriebssystem Android für mobile Geräte von Google können derartige lock-in Effekte erzeugen. Der Kauf eines Smartphones oder Tablets ist verbunden mit der Wahl zwischen zwei Betriebssystemen (und App Stores), die nicht nur wechselseitig inkompatibel sind, sondern sich überdies in ihren Interfacekonzepten und Benutzungsroutinen stark voneinander unterscheiden.

Vor allem aber trägt der Ausbau der verschiedenen Angebote und Geschäftsfelder zu integrierten soziotechnischen Ökosystemen mit einer größeren Anzahl aufeinander abgestimmter und vernetzter Dienste, Programme und Geräte, den alle Internetkonzerne mit hoher Priorität verfolgen, zur Erhöhung von Wechselkosten für Nutzer und Anbieter bei. Derartige Ökosysteme sind nicht einfach anwendungsübergreifende technische Infrastrukturen, sondern mit all ihren Angeboten und Diensten zugleich soziale Räume, in denen sich die Nutzer einrichten, spezifische Such-, Kommunikations- und Konsummuster aufbauen sowie reproduzierbare Verhaltens- und Nutzungsroutinen entwickeln, die zu einer Bindung an die verschiedenen Angebote eines Konzerns führen. Ein Systemwechsel bleibt zwar möglich, ist aber nur noch zum Preis einer weitreichenden Reorganisation bzw. Neukonstituierung der individuellen Äußerungen und Bewegungsgrundlagen im Netz zu haben.

Im Rahmen ihrer Ökosysteme betätigen sich die Internetkonzerne darüber hinaus als *aktive Marktbildner und -regulierer*. In Amazons Handelsplattform sind schon lange zahllose eigenständige Händler eingebunden, die ihre Produkte dort verkaufen wollen. Googles Videoplattform YouTube ist längst keine Spielwiese für Amateure mehr, sondern auch ein kommerzieller Werbemarktplatz, der neben großen Firmen auch von zahlreichen professionellen YouTubern mit zum Teil eigenen Agenturen und Firmen bedient wird. Und die von den Konzernen betriebenen App-Stores sind zum Betätigungsfeld zahlreicher mehr oder minder erfolgreicher Entwickler und Entwicklergemeinschaften geworden. Die Internetkonzerne bewegen sich damit nicht mehr nur auf Märkten, sondern konstituieren, organisieren und regulieren als Plattformbetreiber selbst Marktzusammenhänge in größerem Stil (Kirchner & Beyer 2016).

Tab. 2 Internetkonzerne – wichtige Akquisitionen

	Jahr	Unternehmen	Kaufpreis in Mrd. US-$
Google	2004	Picasa (Bilderdienst)	0,01
	2004	Where 2 Techn. (Kartendienst)	k. A.
	2005	Android (mobile Software)	0,05
	2006	YouTube (Videos, Medien)	1,65
	2008	Doubleclick (Internetwerbung)	3,10
	2009	Admob (mobile Werbung)	0,75
	2011	Motorola Mobility (mobile Geräte; Verkauf 2014)	12,50
	2013	Waze (GPS Navigationssoftware)	0,97
	2013	Boston Dynamics (Militärroboter)	k. A.
	2014	Nest Labs (Thermostate; Feuermelder)	3,20
	2014	Skybox Imaging (Satellitentechnologie)	0,50
	2014	Deep Mind Techn. (künstliche Intelligenz)	0,80
	2016	Apigee (Data Mining; Predictive Analytics)	0,63
Facebook	2009	FriendFeed (Social Networking Aggregator)	0,05
	2010	Hot Potato (Social Media Platform)	0,01
	2011	Beluga (Messaging)	0,01
	2011	Gowalla (soziales Netzwerk)	k. A.
	2011	Snaptu (App-Entwickler)	0,07
	2012	Instagram (Foto- und Videoportal)	1,00
	2013	Parse (App-Platform)	0,09
	2014	WhatsApp (Messaging Dienst)	19,00
	2014	Oculus VR (Virtual Reality)	2,00
	2014	Branch Media (Recherche-Dienstleister)	0,02
	2015	Surreal Vision (Augmented Reality)	k. A.
	2015	Pebbles (Augmented Reality)	0,06
Amazon	1999	Junglee (Online-Shop; Elektronik, Kleidung, Bücher)	0,19
	1999	Alexa Internet (Serverdienst; Website-Rankings)	0,25
	2008	Audible (Hörbuch-Download-Anbieter)	0,22
	2009	Zappos.com (Online-Shop; Schuhe, Bekleidung)	0,82
	2010	Quisidi (Online-Shop; Drogerie, Tierfutter)	0,55
	2011	Living Social (Sonderangebote; Gutscheine)	0,40
	2011	Lovefilm (Videoverleih)	0,30
	2012	Kiva Systems (automatische Bestellsysteme)	0,78
	2013	Goodreads (Buchcommunity)	0,20
	2014	Double Helix Games (Videospiele)	k. A.
	2014	Twitch (Videospiele-Plattform)	0,97
	2016	Curse (Spieleportal)	k. A.

Apple	1996	Next Computer (Software; Betriebssysteme)	0,40
	1997	Power Computing (Computerhersteller)	0,11
	2010	Siri (Spracherkennungssoftware)	0,20
	2012	AuthenTec (Biometrie-Hardware)	0,36
	2013	Topsy Labs (Medienforschung)	0,20
	2013	PrimeSense (3D-Sensorenhersteller)	0,35
	2014	Beats Electronics (Kopfhörer; Musik-Streaming)	3,00
	2016	Turi (Maschinelles Lernen)	0,20
Microsoft	1997	Hotmail (Internet Software)	0,50
	2000	Visio Corp. (Software)	1,38
	2002	Navision (Software)	1,33
	2007	aQuantive (Werbung)	6,33
	2008	Fast Search & Transfer (Suchsoftware für Unternehmen)	1,19
	2011	Skype Technologies (Voice over IP)	8,50
	2013	Nokia Devices (mobile Geräte)	7,20
	2016	LinkedIn (Soziales Netzwerk)	26,00

Quellen: Annual Reports (Form 10-K); Presseauswertung; eigene Zusammenstellung.

Daneben spielt ein weiterer Faktor eine zentrale Rolle zur Erklärung von Konzentrationsdynamiken und der Festigung von Marktmacht im Internet: Das sind die *überlegenen wirtschaftlichen Ressourcen,* die die Internetkonzerne zur Stabilisierung und Erweiterung ihrer Marktmacht mittlerweile ins Spiel bringen können. Sie basieren auf zum Teil sehr hohen liquiden Mitteln und Börsenwerten, die den Konzernen die Möglichkeit zu kontinuierlich hohen Investitionen und teuren Akquisitionen eröffnen.

Aufgrund ihrer außerordentlichen Finanzkraft sind die Internetkonzerne zum einen in der Lage, massiv in den weiteren Ausbau und die Qualität ihrer eigenen *technischen und logistischen Infrastrukturen* zu investieren – zum Beispiel in Serverarchitekturen, Datenerhebungs- und -auswertungstechnologien, in die Qualität von Suchalgorithmen und die technische Integration weitläufiger Ökosysteme oder, wie im Fall von Amazon, in die konzerneigenen Bestell-, Logistik- und Lagersysteme. Schon das macht es Neueinsteigern ausgesprochen schwer, jenseits von noch nicht besetzten Nischen zu ernsthaften Konkurrenten der Etablierten in ihren Kerngeschäftsfeldern zu werden.

Zum anderen verfügen alle Internetkonzerne über die notwendigen finanziellen Ressourcen, um kontinuierlich und auf anhaltend hohem Niveau in ihre eigene *Forschung und Entwicklung* zu investieren – nicht nur in die ständige und kurztaktige Qualitätsverbesserung ihres bereits etablierten Produkt- und Diensteportfolios, sondern auch in für die Unternehmen neue Technik- und Innovationsfelder, mit denen sie ihren Handlungsradius sukzessive erweitern. Auf ausgesprochen dynamischen und schnelllebigen Technologiemärkten wie den hier betrachteten, in denen die Konkurrenzpositionen oft weniger über Preise als über Innovationsstrategien und Innovationsführerschaft definiert sind, wird diese Fähigkeit zu massiven Investments in Forschung und Entwicklung zu einem zentralen Wettbewerbsvorteil und Abgrenzungskriterium gegenüber Newcomern.

Hinzu kommt schließlich, dass alle Konzerne problemlos in der Lage sind, Domänenabsicherung und das Eindringen in für sie neue Geschäftsfelder nicht nur über interne Restrukturierungen voranzutreiben, sondern auch über zum Teil sehr kostspielige *Beteiligungen und Akquisitionen* (Hong et al. 2013; Tab. 2). Der weit überwiegende Teil der zahllosen kleineren ‚Business-as-usual'-Aufkäufe, die alle Konzerne regelmäßig tätigen, dient dem Zukauf von know-how und von interessanten Anwendungen, die das jeweilige Kerngeschäft unterstützen. Darüber hinaus zielen die Akquisitionsstrategien der Konzerne auch darauf, in für sie neue Bereiche zu expandieren. Das ist beispielsweise für die neueren Firmenaufkäufe von Google (mit Nest Labs, Skybox Imaging oder Deep Mind), von Amazon (mit Lovefilm, Double Helix Games oder Twitch) und auch für diejenigen von Microsoft (mit aQuantive, Skype Technologies, Nokia Devices und LinkedIn) typisch. Schließlich sind Aufkäufe insbesondere erfolgreicher Newcomer ein probates Mittel, um potenzielle Mitkonkurrenten früh aus dem Rennen zu nehmen und deren Leistungen in den eigenen Konzern zu integrieren – wie z. B. im Fall der Akquisition von WhatsApp durch Facebook Anfang 2014 (Dolata & Schrape 2014).

3 Expansion: Konkurrenz und Domänenerweiterung

Die kurze Geschichte des kommerziellen Internets ist allerdings nicht nur von starken Konzentrationstendenzen und der Herausbildung weniger dominierender Konzerne geprägt. Ebenso auffällig sind anhaltend scharfe Innovationskonkurrenzen und zum Teil schnelle Ablösungen scheinbar unanfechtbarer Marktführer durch neue Akteure, die in der Folge ebenso schnell in marktbeherrschende Positionen hineinwachsen können.

So sind Anfang der 2000er, in der Frühphase dieses Segments, die Suchmaschinenpioniere Altavista, Lycos und Yahoo von Google ebenso schnell verdrängt worden wie ein Jahrzehnt später die zunächst dominierenden sozialen Netzwerke MySpace und die VZ-Gruppe (mit Studi- und Schüler-VZ) durch den Newcomer Facebook – und dies, obgleich sowohl hinter MySpace mit der News Corporation als auch hinter der VZ-Gruppe mit dem Holtzbrinck-Verlag zuletzt potente Medienkonzerne als Besitzer standen. Auf dem Internetwerbemarkt hat sich seit Anfang der 2010er

Jahre mit Facebook aus dem Nichts ein ernstzunehmender neuer Konkurrent für Google herausgebildet. Im Markt für Unterkünfte und für Fahrdienstleistungen haben sich in jüngster Zeit Airbnb und Uber als neue Anbieter positioniert.

Während in diesen Fällen bis dahin unbekannte Newcomer als Herausforderer der dortigen Marktführer die Szene betraten und sie zum Teil auch abgelöst haben, finden die Auseinandersetzungen um die Vorherrschaft im mobilen Internet vor allem zwischen bereits etablierten Konzernen statt: Im Bereich mobiler Geräte sind die noch Ende der 2000er Jahre führenden Anbieter Nokia und BlackBerry durch Samsung und Apple auf die Plätze verwiesen worden; die Konkurrenz um mobile Betriebssysteme und Apps findet vor allem zwischen Apple und Google statt (Arthur 2012; Angwin 2009; Kirkpatrick 2010).

Die starke, teilweise monopolartige Stellung, die einige wenige Konzerne im Internet mittlerweile erlangt haben, ist also keine Garantie für über längere Zeiträume stabile Vormachtstellungen im Netz. Das ist zum Teil dem oft volatilen und unberechenbaren *Verhalten großer Nutzergruppen* geschuldet. Die konsumentenorientierten Produktmärkte und Dienstangebote, die das kommerzielle Internet prägen, sind, ähnlich wie vergleichbare Märkte in der Old Economy auch, in hohem Maße von den jeweiligen Präferenzen der Endverbraucher und Nutzer abhängig.

Das gilt sowohl für den Kauf technischer Geräte (wie Smartphones oder Tablets) als auch für die Nutzung spezifischer Internetdienste wie Suchmaschinen, soziale Netzwerke, Messaging Dienste oder Apps: Der Erfolg der Suchmaschine von Google, die Dominanz von Facebook als zentralem sozialem Netzwerk, der schnelle Bedeutungszuwachs des von Facebook erworbenen Messaging-Dienstes WhatsApp oder die Zunahme des Streamings von digitaler Musik basieren ebenso wie die Durchsetzung anbieterspezifischer Smartphones, E-book Reader oder Tablets auf Nutzungs- und Konsumscheidungen, die sich weitgehend nicht-organisiert und spontan zu massenhaftem und gleichgerichtetem kollektivem Verhalten verdichten, das die Unternehmen zu antizipieren und zu kanalisieren haben (Dolata & Schrape 2016). Das ist die Kehrseite der beschriebenen Netzwerkeffekte: Der Schwarm kann auch weiterziehen. Und das ist der zentrale Hintergrund des Aufbaus unternehmensspezifischer soziotechnischer Ökosysteme, mit denen den Nutzern reizvolle Komplettangebote offeriert werden: Der Schwarm soll gehalten werden.

Hinzu kommt, dass die führenden Unternehmen aufgrund der außerordentlichen Innovationsdynamiken und schnellen Trendwechsel im kommerziellen Internet ihre Vormachtstellung im Netz auch gegeneinander permanent zu verteidigen und zu erneuern haben – durch die Entwicklung neuer Angebote und Features ebenso wie durch das schnelle Vordringen in neue Wachstumsbereiche. Das heißt, dass den Unternehmen eine anhaltend hohe *Adaptionsfähigkeit*, also die frühzeitige und kontinuierliche Antizipation, Aufnahme und Integration neuer technischer und sozioökonomischer Entwicklungen sowie deren Umsetzung in zugkräftige kommerzielle Angebote abverlangt wird (Dolata 2013: 56–93). Die Literatur zu organisationaler Trägheit und Pfadabhängigkeit hat an zahlreichen Beispielen gezeigt, dass saturierte Unternehmen oft die potenzielle Reichweite und Brisanz neuer Entwicklungen unterschätzen, dazu tendieren, ihr strategisches Verhalten an den Parametern auszurichten, die ihren Erfolg begründet haben und sich auf neue, noch mehrdeutige Entwicklungen erst vor dem Hintergrund eines massiven und unabweisbaren Veränderungsdrucks einlassen, der nicht aus ihren Reihen kommt (Mellahi & Wilkinson 2004).

Das trifft zwar keineswegs auf alle bereits etablierten Konzerne zu: Apple, Google oder Amazon haben sich in den 2000er Jahren als ausgesprochen adaptionsfähig erwiesen. Für andere Konzerne gilt das freilich nicht: Der Niedergang von Yahoo vom Suchmaschinenpionier zum Übernahmekandidaten und der rapide Einflussverlust von Nokia auf dem Markt für mobile Geräte, aber auch die anhaltenden Probleme von Microsoft mit der Hinwendung zum Internet insgesamt sind Beispiele dafür, dass sich bereits etablierte Unternehmen ausgesprochen schwer tun können, neue Trends frühzeitig zu antizipieren und zeitnah mit größeren strategischen Repositionierungen darauf zu reagieren (Arthur 2012; Shapiro & Varian 1999).

Darüber hinaus führt auch der *Expansionsdrang der Internetkonzerne* über ihr angestammtes Geschäftsfeld hinaus regelmäßig zu neuen und scharfen Wettbewerbskonstellationen sowohl untereinander als auch mit etablierten Medien-, Unterhaltungselektronik-, Technologie- und Industriekonzernen. Alle hier betrachteten Konzerne erweitern seit einigen Jahren mehr oder minder ausgeprägt ihren Aktionsradius. Insgesamt lassen sich vier wesentliche *Trends der Expansion und neue Felder der Konkurrenz* identifizieren, die von den Konzernen sowohl mit hauseigenen Entwicklungsstrategien als auch über Akquisitionen und strategische Allianzen vorangetrieben werden (Tab. 3).

Die erste zentrale Auseinandersetzung findet auf dem überaus komplexen Feld *internetbasierter Medieninhalte und -dienste* statt, auf dem vor allem Google, Apple und Amazon miteinander um die Vorherrschaft konkurrieren (Dolata & Schrape 2013). Die drei Konzerne haben sich im vergangenen Jahrzehnt sukzessive zu internetbasierten Medienkonzernen entwickelt und versuchen, sich als Komplettanbieter eines breit gefächerten Angebots aus kommerziellen Diensten und Medieninhalten, die sie zum Teil mittlerweile auch selbst produzieren, zu profilieren. Während Apple bereits 2003 mit seinem iTunes Music Store und Google 2006 mit dem Erwerb der Video-Plattform YouTube in dieses Segment eingestiegen sind, folgt Amazon diesem Trend seit Ende der 2000er Jahre mit einer ausgesprochen aggressiven Expansionsstrategie. Mittlerweile verfügen alle Konzerne mit eigenen digitalen Musik- und Video-Diensten (Kauf, Verleih und Streaming), eBook- und

Spieleangeboten, App-Stores sowie Zugängen zum Fernsehen über das Internet über ein breites Portfolio von miteinander konkurrierenden Medienangeboten – und dringen damit auch in die Domänen klassischer Medienkonzerne (Film, Musik, Buchverlage) und etablierter Spieleanbieter (wie Microsoft, Sony und Nintendo) sowie netzbasierter Verleih- und Streamingfirmen (wie Netflix, Hulu oder Spotify) ein. Apple (mit iPod, iPad, iPhone und iWatch) und Amazon (mit dem e-book-Reader Kindle, dem Tablet Kindle Fire und dem Fire Phone) bieten als Zugang zu ihren Inhalten und Diensten zudem komplette und proprietäre Gerätefamilien an, während Google vornehmlich auf die Verbreitung seines offenen mobilen Betriebssystems Android und seines App Stores setzt, mit denen es sich über die Geräte anderer Hersteller prioritären Zugang zu seinen Nutzern verschafft (2016 Annual Reports [Form 10-K] der Konzerne; Presseauswertung).

Die zweite zentrale Auseinandersetzung geht, eng verbunden mit dem ersten Trend, um die *Vorherrschaft im mobilen Internet.* Sie wird vor allem zwischen Google und Apple ausgetragen, deren Betriebssysteme auf über 90 % aller mobilen Geräte installiert sind und die zudem über die mit Abstand größten App-Stores verfügen. Daneben versucht auch Amazon, sich mit seinem Komplettangebot aus mobilen Geräten und Diensten zu einem neuen ernstzunehmenden Konkurrenten zu entwickeln – auch, indem es seine Geräte zu stark subventionierten Niedrigpreisen anbietet. Dagegen konnte Microsoft trotz seiner Akquisition von Nokia Devices auch in diesem Feld bislang nicht reüssieren. Mittlerweile hat die Dominanz von Google und Apple auf dem Markt für Mobile Devices dazu geführt, dass sich, anders als noch Ende der 2000er Jahre, sowohl andere Gerätehersteller als auch große Telekommunikationskonzerne deren Regeln zu unterwerfen haben, wenn sie ihre Software nutzen bzw. ihre Geräte verkaufen wollen. Während Apple mit seinem Vordringen ins mobile Internet vor allem darauf zielt, seine Hardware zu vermarkten, ist es Googles vorrangiges Ziel, den Nutzern über die Verbreitung seines Betriebssystems und Browsers auf mobilen Geräten prioritären Zugang zu seinen bewerbbaren Diensten zu verschaffen (2016 Annual Reports der Konzerne; Presseauswertung; Dolata & Schrape 2014).

Tab. 3 Internetkonzerne – Expansionsfelder und Hauptkonkurrenten

Unternehmen	Domäne	Expansion	Hauptkonkurrenten
Google	Suchmaschine / Werbung	*Medien* (YouTube [Video/Film], Google Play [Medien-/App Store], All Access [Music], Google Books) *Mobile Soft- und Hardware* (Android, Chrome Browser, Chromecast, Nexus [Smartphone & Tablet], set-top Box Google TV) *Soziale Netzwerke* (Google+) *Internet der Dinge* (vernetzter Haushalt, vernetztes Auto: Open Automotive Alliance – Allianz Google + Autohersteller, Spezialdrohnen)	*Werbung* (Facebook, Yahoo, klassische Werbeunternehmen) *Medien* (Apple, Amazon, klassische Medienkonzerne, Netflix, Hulu) *Social Networks* (Facebook, Twitter, Microsoft) *Mobile Soft- und Hardware* (Apple, Amazon, Microsoft) *Vernetztes Auto* (Apple) *Vernetzter Haushalt* (Microsoft, Cisco, Haushaltsgerätehersteller)
Facebook	soziales Netzwerk / Werbung	*Medien* (Instagram [Foto], WhatsApp [Messaging]) *Software* (Oculus [Datenbrillen])	*Werbung* (Google, Yahoo, klassische Werbeunternehmen) *Social Networks* (Google+; YouTube; Twitter, Snapchat) *Apps* (Google, Apple)
Amazon	Handel	*Medien* (Amazon Game Studios, Lovefilm, Prime Instant Video, Fire TV, Amazon MP3, Amazon Publishing, Amazon App Store) *Mobile Soft- und Hardware* (Kindle e-book reader; Kindle Fire tablet, Fire Phone, Amazon Fire set-top box[TV]) *Cloud / IT Leasing* (Amazon Web Services)	*Handel* (klass. Handelsunternehmen, spezialisierte Internethändler) *Medien* (Google, Apple, Microsoft, Netflix, Spotify, Spiele-Hersteller, klassische Medienkonzerne und Verlage) *Mobile Hardware* (Apple, mobile Gerätehersteller) *IT-Services* (Microsoft, Apple, Google)

Apple	Unterhaltungs- / Kommunikationselektronik	*Medien* (iTunes Store, App Store, iBooks Store, Apple TV set top box, Musik-Streaming)	*Mobile Hard- und Software* (Smartphone-/Tablethersteller; Amazon, Google [Android], Microsoft)
		Mobile Hard- und Software (iPhone, iPad, iPod, iWatch, iOS Betriebssystem, Safari Browser)	*Medien* (Google, Amazon, Netflix, Hulu, Spotify, klassische Medienkonzerne)
			Vernetztes Auto (Google)
		Mobile Soft- & Hardware für Geschäftskunden (strategische Allianz Apple-IBM)	
		Cloud (iCloud)	
		Internet der Dinge (Wearables; Gesundheit und Fitness; vernetztes Auto: iOS in the Car – Allianz Apple + Autohersteller)	
Microsoft	Computersoftware / IT-Dienste	*Medien* (Games – Microsoft Studios, Xbox Spielekonsole; MSN TV)	*Mobile Software* (Google [Android]; Apple [macOS, iOS]; Apple-IBM)
		Mobile Soft- und Hardware (Skype, Bing, MSN, Surface Tablet, Windows Phone, Nokia Devices)	*Medien* (Amazon, Google, Apple, Spielehersteller)
			IT-Services (Google, Apple, Amazon, IBM)
		Soziale Netzwerke (LinkedIn)	*Soziale Netzwerke* (Facebook, Google+, Xing, Twitter)

Quellen: Annual Reports (Form 10-K); Presseauswertung; eigene Zusammenstellung.

Neben diesen zwei großen Trends entwickeln sich in den letzten Jahren zwei weitere neue Felder der Auseinandersetzung, die von den Internetkonzernen nicht nur über Akquisitionen, sondern auch über strategische Allianzen vorangetrieben wird. Zum einen sind wiederum vor allem Amazon, Apple, Google und Microsoft mittlerweile große Anbieter von *Speicherplatz, Rechnerkapazitäten und Cloud-Diensten*, auf die nicht nur individuelle Internetnutzer ihre Musik, Bilder, Dokumente, Kontakte und Programme auf externen Rechnern der Konzerne ablegen und nutzen, sondern auch Geschäftskunden interne Datenverarbeitungsstrukturen auslagern können. Hervorzuheben ist in diesem Zusammenhang eine Mitte 2014 vereinbarte strategische Allianz zwischen Apple und IBM, die darauf ausgerichtet ist, die Angebote an mobilen Geräten und Diensten von Apple mit den Erfahrungen von IBM im Aufbau und in der Verwaltung von unternehmensinternen Datenverarbeitungs- und

Kommunikationsstrukturen zu verbinden. Ziel dieser und weiterer Allianzen (z. B. zwischen Apple und SAP) ist es, mit Geräten, Software, Diensten und Services die internen IT- und Kommunikationsstrukturen von Geschäftskunden stärker mit dem mobilen Internet zu verknüpfen – und damit Microsoft als dem neben IBM wichtigsten Partner zahlloser Unternehmen auch im Bereich der IT-Ausstattung und -Beratung von Unternehmen Konkurrenz zu machen (Presseauswertung).

Schließlich dringen vor allem Google, Apple und auch Amazon zunehmend in neue Bereiche vor, die bis vor kurzem noch nicht mit dem Internet in Verbindung gebracht worden sind und sich noch im Entwicklungsstadium befinden. So verfolgen Amazon und Google konkurrierende Projekte zur Entwicklung von *Drohnen zur Paketzustellung*, die die etablierten Strukturen der Logistikbranche (wie z. B. der Paketzusteller) herausfordern. Überdies hat Google sich mit der Akquisition des Thermostate- und Rauchmelder-Herstellers Nest auf das Feld des *vernetzten Haushalts* begeben, auf dem auch Microsoft, Haushaltsgeräte-Hersteller wie Bosch oder der Netzausrüster Cisco tätig sind. Apple hat mit seiner 2014 vorgestellten iWatch die Konkurrenz im Bereich der *Wearables*, also am Körper tragbarer Informationstechnik, und der individuellen Gesundheits- und Fitnessüberwachung eröffnet. Und schließlich konkurrieren Google und Apple sowohl untereinander als auch mit den etablierten Automobilkonzernen um die technologische Vorherrschaft im *vernetzten Auto* (Presseauswertung).

Das kommerzielle Internet ist also nicht nur durch starke Konzentrationstendenzen geprägt, sondern zugleich durch intensiven Wettbewerb in all seinen wesentlichen Segmenten, durch den die Macht einzelner Konzerne immer wieder herausgefordert wird. Der Wettbewerbsdruck, dem sie ausgesetzt sind, wird allerdings nicht vornehmlich durch kommerziell orientierte Newcomer, Open-Source-Projekte oder Formen nichtkommerzieller Gemeinschaftsproduktion erzeugt, sondern vor allem anderen durch ihre direkten Mitkonkurrenten. Das wesentliche Merkmal der Konkurrenz im kommerziellen Internet ist mittlerweile ein scharfer *oligopolistischer Wettbewerb zwischen den führenden Konzernen*, der vor allem über aggressive Innovations- und Expansionsstrategien ausgetragen wird. Auf allen Feldern der Auseinandersetzung sind derzeit Google, Apple und Amazon die zentralen Akteure, während sich Facebook noch in seiner Konsolidierungsphase befindet und Microsoft bereits seit längerem vor allem in Abwehrkämpfe verstrickt ist. Einzelne Start-ups haben unter diesen Bedingungen oligopolistischer Konkurrenz nur dann noch eine Chance, zu bedeutenden (Mit-)Spielern zu werden, wenn sie ein völlig neues, noch nicht konsolidiertes kommerzielles Feld besetzen können, das sich nicht auf dem Radar der etablierten Konzerne befindet – wie Anfang der 2000er Jahre der Suchmaschinenmarkt oder ein Jahrzehnt später das Social Networking. Ist dies nicht der Fall, werden erfolgreiche Start-ups wie z. B.

der Messaging-Dienst WhatsApp zu interessanten Übernahmekandidaten, die von den Konzernen problemlos aufgekauft werden können.

Typisch für die Expansionsstrategien der Internetkonzerne ist zweierlei. Während die führenden Unternehmen in anderen Wirtschaftssektoren die Zahl ihrer Geschäftsfelder in den vergangenen zwei Jahrzehnten zum Teil drastisch reduziert und ihre Aktivitäten auf wenige Kernbereiche fokussiert haben (wie z. B. in der Pharmaindustrie; Dolata 2003: 185–192), diversifizieren die Internetkonzerne und erweitern ihren Handlungsradius sukzessive. Bislang ist es allen Konzernen mit ihren Diversifikationsaktivitäten allerdings nicht gelungen, ihr Kerngeschäft auch kommerziell nachhaltig um neue umsatzstarke Geschäftsfelder zu ergänzen. Obgleich vor allem Google, Amazon und Apple durch ihre Expansions- und Akquisitionsstrategien de facto zu Medienkonzernen mit breit gefächerten Angeboten aus Medieninhalten und -diensten geworden sind, realisieren alle fünf Konzerne nach wie vor den weit überwiegenden Teil ihrer Umsätze und Gewinne in ihrem traditionellen Kerngeschäft (Tab. 1). Ökonomisch betrachtet sind Google und Facebook noch immer internetbasierte Werbe- und Marketingkonzerne, Apple ist ein großer Anbieter von Kommunikations- und Unterhaltungselektronik, Microsoft ein Softwarekonzern und Amazon ein Internethändler. Die zum Teil starke Expansion und Diversifikation in neue Geschäftsfelder dient vor allem der Vervollkommnung ihrer soziotechnischen Ökosysteme, die möglichst umfassend und exklusiv sowohl von individuellen Usern als auch von Geschäftskunden genutzt werden sollen, relativiert aber bislang nicht die nach wie vor herausragende ökonomische Bedeutung ihrer angestammten Kerngeschäftsfelder.

Das zweite Charakteristikum der Innovations- und Expansionsstrategien der Konzerne lässt sich als ‚Akquisition statt Kooperation' auf den Punkt bringen. Typisch für alle untersuchten Konzerne ist, dass sie den Erwerb externen know-hows und das Eindringen in neue Geschäftsfelder nicht, wie dies in anderen Hochtechnologie-Bereichen üblich ist, über Kooperationen mit Start-ups realisieren (Rothaermel 2001; Roijakkers & Hagedoorn 2006; Hagedoorn et al. 2000), sondern vornehmlich über den Aufkauf solcher Firmen, deren Ressourcen und Kompetenzen dann in den jeweiligen Konzern integriert werden.

4 Innovation: Geschlossene Kerne, kontrolliert geöffnete Peripherien

Letzteres ist ein Hinweis auf eine nach wie vor starke inhouse-Orientierung der Konzerne vor allem im Bereich der Forschung und Entwicklung, die lediglich fallweise durch strategische Allianzen ergänzt wird. Generell ist es für Wirtschaftssektoren, die sich durch oligopolistische Strukturen und starke Innovationsdynamiken auszeichnen, typisch, dass die Konkurrenz dort vor allem anderen über die Erzielung von Forschungsvorsprüngen und die schnelle Vermarktung von Innovationen ausgetragen wird (Ahuja et al. 2008). Das trifft für das kommerzielle Internet in besonderem Maße zu:

> „R&D is the central input of production, not merely an episodic activity that affects the production process. Put differently, the R&D process and the production process are essentially the same thing for many products and services related to the Internet and digital platforms." (Shelanski 2013: 1685).

Von daher ist es nicht verwunderlich, dass alle Internetkonzerne ausgesprochen forschungsintensiv sind,[2] über große konzerneigene Forschungs- und Entwicklungszentren verfügen und dort einen wesentlichen Teil ihrer Mitarbeiter beschäftigen (Tab. 1). Das zentrale Merkmal der Organisierung ihrer Forschungs- und Entwicklungsaktivitäten ist nicht nur eine starke inhouse-Orientierung, sondern auch das, was seit geraumer Zeit als *closed innovation* (Chesbrough 2003a, 2003b; West et al. 2014) bezeichnet wird: Eine Politik der Eigenentwicklung sowie der strikten Abschottung und Geheimhaltung strategischer FuE-Projekte. Ein wesentlicher Teil der Produkte und Dienste, die das Internet heute prägen und mit denen die Nutzer in schneller Folge konfrontiert werden, kommt aus ihrer internen Forschung und wird von ihnen unter Bedingungen strenger Geheimhaltung selbst (weiter-)entwickelt und produziert – etwa der Search Algorithm von Google, der Social Graph von Facebook und die Softwarepakete von Microsoft, die Datenauswertungs- und Werbesysteme von Google und Facebook, die Betriebssysteme von Apple und Microsoft, die Gerätefamilien von Apple und Amazon, die Cloud-Dienste von

---

2   Der auf den ersten Blick ausgesprochen geringe Anteil der FuE am Gesamtumsatz von Apple (Tab. 1) sollte nicht als Forschungsschwäche interpretiert werden: Der Konzern verfügt zum einen über ein recht überschaubares Produktportfolio, auf das sich die Forschung konzentriert, und hat zum anderen im vergangenen Jahrzehnt ein exorbitantes Umsatzwachstum erzielt (von 5,4 Mrd. US-$ in 2001 auf knapp 216 Mrd. US-$ in 2016), durch das die FuE-Intensität (als prozentuales Verhältnis der FuE-Ausgaben zum Umsatz) als gering erscheint (Apple 2001, 2016) .

Apple, Amazon und Google oder die Beststell- und Logistiksysteme von Amazon. Dort, wo Know-how für Eigenentwicklungen fehlt, setzen die Konzerne vor allem auf Akquisitionen von Technologiefirmen mit entsprechenden Ressourcen (Tab. 2). Stellvertretend für die anderen Konzerne begründet Microsoft (2014: 8) die starke interne Ausrichtung seiner Forschung und Entwicklung folgendermaßen:

„We develop most of our products and services internally. Internal development allows us to maintain competitive advantages that come from product differentiation and closer technical control over our products and services. It also gives us the freedom to decide which modifications and enhancements are most important and when they should be implemented. [...] Generally, we also create product documentation internally."

Und ebenso stellvertretend für die anderen Konzerne weist Google (2010: 16) auf die große Bedeutung von Vertraulichkeit und Geheimhaltung in der konzerneigenen Forschung und Entwicklung hin, zu der sowohl die Beschäftigten des Unternehmens als auch Dritte verpflichtet werden:

„We rely on a combination of patent, trademark, copyright, and trade secret laws in the U.S. and other jurisdictions as well as confidentiality procedures and contractual provisions to protect our proprietary technology and our brand. We also enter into confidentiality and invention assignment agreements with our employees and consultants and confidentiality agreements with other third parties, and we rigorously control access to proprietary technology."

Den *Kern des Innovationsmodells* aller hier untersuchten Internetkonzerne bildet eine starke interne Ausrichtung ihrer Forschung und Entwicklung sowie eine zum Teil extreme Abschottung der dortigen Aktivitäten. Der wesentliche Grund dafür ist, dass die erfolgreiche Entwicklung und Vermarktung proprietärer Innovationen auf den Internetmärkten die zentrale Grundlage für die Erzielung von Wettbewerbsvorteilen gegenüber Mitkonkurrenten ist. Dazu setzen alle Konzerne auf eine möglichst umfassende Geheimhaltung und Kontrolle ihrer unternehmensstrategisch relevanten Forschungsaktivitäten und Innovationsprojekte sowie eine möglichst weitreichende Absicherung der geistigen Eigentumsrechte an ihren Produkten und Diensten (Trott & Hartmann 2009; Braun & Herstatt 2008; Freedman 2012).

Gleichzeitig gibt es allerdings auch *kontrollierte Öffnungen* an den Rändern dieses geschlossenen Modells – vor allem in Form von Beziehungen der Internetkonzerne zu Open-Source-Communities und im Rahmen der konzerneigenen App Stores.

Alle Internetkonzerne profitieren seit langem von der Adaption von Software-Entwicklungen, die im Zusammenhang von *Open-Source-Communities* wie Linux, Mozilla oder Apache vorangetrieben worden sind (Lerner & Tirole 2002).

Open Source Software ist Bestandteil vieler Bereiche von Betriebssystemen (wie macOS und iOS von Apple oder Android von Google) und Servern, von Geräten (wie dem iPhone von Apple oder dem Kindle von Amazon), von Tools für externe Entwickler und vorinstallierten Apps auf mobilen Geräten oder der Cloud-Dienste, die die Internetkonzerne anbieten.[3] Entsprechend wichtig sind für sie der Zugang und das systematische Sichten des weit gestreuten Wissens, das in den verschiedenen Open-Source-Communities generiert wird. Zu diesem Zweck beschäftigen die Konzerne in ihrer Forschung eine nicht unerhebliche Zahl an Mitarbeitern, die mit Open-Source-Entwicklungen befasst sind und in Open Source Communities mitarbeiten, nehmen über ihre Beschäftigten an den großen Entwicklerkonferenzen der Gemeinschaften teil und tragen auch zur Finanzierung von Open-Source-Projekten und der Stiftungen bei, die als Klammer der etablierten Gemeinschaften dienen (West & O'Mahoney 2008). Die Mozilla Foundation beispielsweise wird maßgeblich von Google finanziert, zu den Hauptsponsoren der Apache Software Foundation gehören Google, Yahoo, Microsoft und Facebook als Platinum-Mitglieder mit Spenden von mehr als 100.000 US-$ pro Jahr, und die Linux Foundation wird von zahlreichen Großunternehmen finanziell unterstützt, unter ihnen Google, Amazon, Yahoo, Twitter, Samsung und Nokia (siehe dazu auch den *dritten Aufsatz* in diesem Buch).

Dahlander und Gann (2010) bezeichnen dies treffend als *inbound innovation sourcing*: Die Unternehmen verschaffen sich mit ihren Aktivitäten im Open Software Bereich unterhalb formalisierter und vertraglich geregelter Kooperationsbeziehungen und mit vergleichsweise geringen Gegenleistungen Zugriff auf ein weites Spektrum an externen Ideen und Wissensbeständen, die sie für ihre interne Forschung und Entwicklung abschöpfen und nutzbar machen – und zeichnen sich zum Teil auch durch das aus, was West und Lakhani (2008) als „parasitic actions by firms" bezeichnet haben. Vor allem Amazon wird als Unternehmen beschrieben „that harvests code from vast fields of open-source software while obscuring its code donations and distancing itself from the wider world of computing" (Clark 2014).

Kontrollierte Öffnungen gibt es auch im schnell wachsenden Bereich von Softwareanwendungen, die auf mobile Geräte zugeschnitten sind und als *Apps* bezeichnet werden. Ohne ein breitgefächertes Angebot an Apps lassen sich mobile Geräte heute nicht mehr verkaufen. Die zentralen Drehscheiben für die Verbreitung mobiler Anwendungen sind Google und Apple, die mit jeweils weit über einer Million Apps

---

3   So weist Google selbst auf „the vital role that open source software plays at Google" hin und Apple betont, dass „Open Source development [is] a key part of its ongoing software strategy." (https://developers.google.com/open-source/; https://www.apple.com/opensource/). Auch Amazon „uses tons of Linux, not only to power all the servers that it uses for retail but also for Amazon Web Services – and in its own Kindle Device, which is by all accounts selling like hotcakes." (Brockmeier 2011)

die mit Abstand größten App-Stores unterhalten. Daneben ist auch Amazon mit einem eigenen App-Store, der über eine Viertelmillion Apps bereithält, in diesem Feld aktiv. Es ist offenkundig, dass nur ein Bruchteil der zahllosen Apps aus der eigenen Entwicklung kommen kann und die Konzerne in diesem für sie neuen Feld auf die Arbeit zahlloser externer Entwickler und Firmen angewiesen sind. Sie haben sich daher im Bereich der Mobile Apps in einer für sie bislang ungekannten Weise auf Drittanbieter einzulassen und dort das Verhältnis von Kontrolle und dezentralen Spielräumen der Kreativität neu auszubalancieren (Eaton et al. 2011; Schreyögg & Sydow 2010).

Die notwendigen Öffnungen ihres Innovationsmodells, die die Internetkonzerne in diesem Bereich eingehen müssen, gehen allerdings mit rigiden Kontrollstrategien einher. Der App-Markt selbst ist nicht in einem bottom-up-Prozess und getragen von zahllosen Entwicklern entstanden, sondern top-down vor allem von Apple und Google aufgebaut und etabliert worden. Die Konzerne koordinieren und überwachen ihre App Stores, definieren die dortigen Zulassungskonditionen und Preisstrukturen, geben die Kriterien vor, die eine Anwendung erfüllen muss, um dort verkauft werden zu können, entfernen Angebote, die ihnen nicht opportun erscheinen oder als politisch inkorrekt eingestuft werden, bestimmen mit ihren unterstützenden Software Development Kits sowohl das Aussehen als auch die Nutzungsprinzipien der Apps mit und tragen durch die Such-Algorithmen in ihren Stores wesentlich zum Erfolg oder Misserfolg von Angeboten bei. Darüber hinaus dienen ihnen auch ihre App-Stores als großer Ideenpool, aus dem sie gegebenenfalls für den Eigenbedarf schöpfen können. Apple und Google haben in den letzten Jahren immer wieder neue Anwendungsideen in ihre eigenen Produkte integriert oder vielversprechende Markteinsteiger übernommen. So hat Google die Apps Flutter (Bewegungskontrolle), Sparrow (E-Mail-Client) und Waze (Social GPS) gekauft; Apple hat Siri (Sprachsteuerung), Cue (Personal Assistant) und Spotsetter (Social Maps) erworben (Dolata & Schrape 2014; Tab. 3).

Die Internetkonzerne nehmen ihre Umwelten also durchaus wahr und greifen externe Innovationsimpulse systematisch auf. Sie beobachten sehr genau, was in den Open-Source-Communities geschieht, arbeiten selbst an Open-Source-Projekten, greifen in nicht unerheblichem Maße auf dort entstandene Software und know-how zurück, überlassen Entwicklungsaktivitäten dann, wenn ihre eigenen FuE-Kapazitäten an offenkundige Grenzen stoßen, externen Entwicklern und Firmen und durchforsten ebenso regelmäßig wie systematisch das weite Feld von Start-up Firmen nach interessanten Übernahmekandidaten.

Eine nachhaltige Öffnung ihres im Kern geschlossenen Innovationsmodells ist mit alldem allerdings nicht verbunden. Sein wesentliches Charakteristikum ist eine nach wie vor starke Konzentration auf Eigenentwicklungen, die vornehmlich in den nach außen abgeschotteten konzerneigenen Forschungs- und Entwicklungszentren stattfinden. Damit weicht das Innovationsmodell der Internetkonzerne deutlich von den für andere Hochtechnologie-Sektoren typischen Mustern kollaborativer Technik- und Produktentwicklung ab. Das, was in den 1990er Jahren breit als *Networks of Innovators* diskutiert wurde – „the locus of innovation will be found in networks of learning, rather than in individual firms" (Powell et al. 1996: 116; Powell & Grodal 2005; auch Freeman 1991; Pittaway et al. 2004) – und seit Anfang der 2000er Jahre unter dem Etikett *Open Innovation* recycelt wird – „a distributed innovation process based on purposively managed knowledge flows across organizational boundaries" (Chesbrough & Bogers 2014; auch Chesbrough 2003a, 2003b; West et al. 2014) – lässt sich für die Internetkonzerne nicht bestätigen.

5 Macht: Zentralisierung, Kontrolle und Volatilität

Damit fügt sich ein *Gesamtbild* zusammen, das drei wesentliche Konturierungen aufweist.

Erstens wird das kommerzielle Internet heute von wenigen international agierenden Konzernen dominiert und ist in allen wesentlichen Segmenten durch starke Konzentrationsprozesse geprägt, die vor allem durch Netzwerkeffekte, den Aufbau unternehmensspezifischer soziotechnischer Ökosysteme und die außerordentliche Finanzkraft, über die die führenden Internetkonzerne mittlerweile verfügen, gefördert werden. Natürlich ist das kommerzielle Internet mehr als seine führenden Konzerne. Ähnlich wie in klassischen Wirtschaftssektoren auch wird es unterhalb seiner vermachteten Kernstrukturen nach wie vor durch die verstreuten Aktivitäten zahlloser Entwickler und Entwicklergemeinschaften, Start-ups und kleinerer Firmen mitgeprägt.[4] Das ändert freilich wenig am *ersten Befund* einer signifikanten *Hierarchisierung, Marktkonzentration und ökonomischen Machtzusammenballung* im kommerziellen Internet. All das, was Anfang der 2000er Jahre unter dem Stichwort ‚Internetökonomie' diskutiert wurde – eine neue Form des Wirtschaftens, geprägt durch eine Vielzahl neuer digitaler Geschäftsmöglichkeiten, vollkommene Märkte, freie Konkurrenz und dezentrale Strukturen (Litan & Rivlin 2001; Anderson 2008) – hat mit der Realität des kommerziellen Internets heute nicht mehr viel zu tun.

---

4   In der Automobilindustrie beispielsweise sind dies die zahlreichen Zulieferer der Automobilkonzerne; in der Pharmaindustrie die vielen forschungs- und entwicklungsintensiven Start-up-Firmen, die neben und in Kooperation mit den großen Pharmakonzernen existieren.

Zweitens zeichnet es sich zugleich auf allen Ebenen durch scharfe Konkurrenzauseinandersetzungen aus. Das betrifft nicht nur neu entstehende Segmente wie Anfang der 2000er Jahre den Suchmaschinenmarkt oder ein Jahrzehnt später den Bereich sozialer Netzwerke, in denen sich aus einem zunächst größeren Pool aus miteinander konkurrierenden Start-up-Firmen regelmäßig ein oder zwei marktbeherrschende Konzerne herausgebildet haben. Das betrifft auch bereits etablierte und durch starke Konzentrationsprozesse geprägte Segmente, die die Domäne einzelner Konzerne sind. Die Internetkonzerne agieren nicht nur als etablierte Akteure, die vornehmlich darauf bedacht sind, ihre Domänen abzusichern, sondern zugleich als Herausforderer, die mit ihren aggressiven Expansionsstrategien in die Domänen ihrer Mitkonkurrenten eindringen und einmal errungene Machtpositionen ständig neu zur Disposition stellen. Die intensiven oligopolistischen Konkurrenzauseinandersetzungen, in die die führenden Internetkonzerne sowohl untereinander als auch mit etablierten Kommunikations-, Unterhaltungselektronik- und Medienkonzernen verstrickt sind, ändern wenig am hohen Konzentrationsgrad, der für das kommerzielle Internet typisch ist. Sie führen allerdings – dies ist der *zweite Befund* – zu einer bemerkenswerten *Volatilität erworbener Markt- und Machtpositionen*, die angesichts der außerordentlichen Innovationsdynamiken in schneller Folge immer wieder verteidigt und erneuert werden müssen – und oft nicht dauerhaft gehalten werden können.

Drittens werden die Auseinandersetzungen zwischen den Internetkonzernen vor allem anderen um zumindest temporäre Innovationsvorsprünge geführt – als permanente Weiter- bzw. Neuentwicklung von Software, Geräten, Diensten, technischen Infrastrukturen und integrierten Ökosystemen. Entsprechend groß ist die strategische Bedeutung der konzerneigenen Forschung und Entwicklung. Die Konzerne nutzen intensiv das verstreute Wissen und Know-how, das in Open-Source-Gemeinschaften entsteht, und greifen auch auf die Beiträge einer Vielzahl von Software-Entwicklern und -Firmen etwa im Rahmen ihrer App Stores zurück. Im Kernbereich kompetitiv relevanter Innovationsprojekte sind sie allerdings – dies ist der *dritte Befund* – nach wie vor ausgesprochen inhouse-orientiert, setzen auf die konsequente Abschottung und Geheimhaltung ihrer eigenen Forschung, Entwicklung und Wissensbasis und präferieren ein *geschlossenes Innovationsmodell*, mit dem sie eine möglichst weitreichende Kontrolle über ihre proprietären Projekte, Produkte und Dienste abzusichern versuchen. Mit Open Innovation hat dies ebenso wenig zu tun wie mit Vorstellungen einer Dezentralisierung und Demokratisierung von Innovationsprozessen.

Worin besteht nun die Macht der Internetkonzerne?

Sie zeigt sich zunächst als *ökonomische Macht*. Diese basiert auf den überlegen ökonomischen Ressourcen der Konzerne – ihrer Finanzkraft, ihrer Forschungsstärke, ihrer Marktdominanz –, die sie in der Konkurrenz einsetzen und mit der sie neue Wettbewerber auf Distanz halten können. Darüber hinaus erweitern die Internetkonzerne, indem sie ihre verschiedenen Angebote bereichsübergreifend zunehmend vernetzen und die dort anfallenden Nutzerspuren systematisch miteinander abgleichen und auswerten, sukzessive auch ihre *Macht über die Daten*. Mit den großen Datenmengen, die sie generieren und verarbeiten, lassen sich nicht nur immer ausdifferenziertere Nutzerprofile erstellen, deren Verfeinerung mit dem expliziten Ziel verfolgt wird, möglichst schon zu wissen, was ein Nutzer will, bevor dieser es selbst weiß. Sie dienen den Konzernen auch als wichtiger Input für ihre Forschung und Produktion und tragen dazu bei, ihre Produkte und Dienste zu verfeinern und möglichst genau auf die Präferenzen der Nutzer auszurichten (Shelanski 2013: 1678f.). Der damalige Google CEO Eric Schmidt hat dies 2010 in einem Interview im Rahmen des Washington Ideas Forums sehr pointiert formuliert:

> „With your permission, you give us more information, if you give us information about who some of your friends are, we can probably use some of this information – again: with your permission – to improve the quality of our searches. […] We don't need you to type at all. 'Cause we know where you are – with your permission. We know where you've been – with your permission. We can more or less guess what you're thinking about. Now is that right over the line? […] So we'll try to find that line to try to help you understand more about the world around you" (Eric Schmidt at Washington Ideas Forum, 1. Oktober 2010: https://www.youtube.com/watch?v=CeQsPSaitL0).

Vor allem aber basiert die Macht der Internetkonzerne auf ihrer Fähigkeit, mit zahlreichen und aufeinander abgestimmten Angeboten die Rahmenbedingungen wesentlicher *sozialer* Zusammenhänge – Konsumwelten, Informations- und Kommunikationsmuster, soziale Beziehungsnetzwerke – maßgeblich zu gestalten und zu prägen. Kein von ihnen entwickeltes Gerät, keine Software, kein App-Store, keine Such-, Medien-, Konsum- oder Beziehungsplattform ist einfach ein technisches Angebot, das die Nutzer mit ihren Inhalten beliebig ausgestalten und umdefinieren können. In die ihnen zugrunde liegende Technik werden immer auch Regeln, Normen und Handlungsanleitungen eingebaut, die auf die Aktivitäten ihrer Nutzer wie soziale Institutionen wirken und die deren Handeln mitstrukturieren (Winner 1980; Lessig 1999).

Schon die vorgegebenen Benutzeroberflächen und Standardeinstellungen der Plattformen, die von den Nutzern in der Regel nicht verändert werden, haben eine starke handlungsstrukturierende Wirkung, indem sie bestimmte Aktivitäten ermöglichen und andere ausschließen. Die Einbettung von Features wie des Trending-Buttons bei Twitter, der Reactions-Buttons oder der Trending News Funktion bei Facebook sind nicht einfach technische Spielereien, sondern in Technik eingeschriebene regelsetzende, handlungsorientierende und meinungsprägende Strukturelemente. Über sozial konstruierte Algorithmen wird festgelegt, wer beziehungsweise was für wen relevant ist und was nicht. Über sie werden alle Informations- und Interaktionsprozesse strukturiert, Nutzerpräferenzen antizipiert und Empfehlungen gegeben sowie von den Betreibern getroffene Entscheidungen darüber exekutiert, was obszön, anstößig, politisch inkorrekt, erotisch oder pornographisch ist – und entsprechend indexierte Inhalte oder Äußerungen zurückgestuft oder gelöscht. Algorithmen, die die Grundlage jeglicher Suche und Information, Kommunikation und Interaktion auf diesen Plattformen bilden, sind mit alldem hochpolitische Programme, die distinkte, selektive und zunehmend personalisierte soziale Wirklichkeiten auf der Grundlage von sozialen Kriterien konstruieren, die sowohl für die Einzelnen als auch für die Öffentlichkeit völlig undurchsichtig bleiben (Just & Latzer 2017; Gillespie 2014; Van Dijck 2013: 29–44; Pariser 2011).

Das lässt sich als *infrastrukturelle und regelsetzende Macht* bezeichnen. Dadurch, dass die Internetkonzerne wesentliche infrastrukturelle Grundlagen des Netzes entwickeln und anbieten sowie als Gatekeeper fungieren, die die wesentlichen Zugänge zum Web zur Verfügung stellen, werden sie zu zentralen regelsetzenden und -kontrollierenden Akteuren, die das Online-Erlebnis individueller Nutzer und Kollektive strukturieren, Rahmenbedingungen für ihre Bewegung vorgeben und dadurch auch das auf ihren Angeboten basierende Verhalten und Handeln mitprägen. Als auch gesellschaftspolitisch ausgesprochen sendungsbewusste Unternehmen strukturieren und prägen sie über die technisch vermittelten sozialen Spezifizierungen ihrer Angebote unterhalb des Radars öffentlicher Wahrnehmung und Kontrolle weite Teile des privaten und öffentlichen Lebens im Web. Sie sind nicht einfach Vermittlungsinstanzen wie Telefongesellschaften, sondern werden durch ihre infrastrukturelle und regelsetzende Macht zu handlungsprägenden und meinungsbildenden „curators of public discourse" (Gillespie 2010: 347).

Mit alldem reicht die Macht der Internetkonzerne mittlerweile deutlich über marktbeherrschende Positionen im kommerziellen Internet hinaus und weit in die Gesellschaft hinein – und ist gleichwohl nicht grenzenlos oder absolut. Macht ist ja kein Ding, über das die einen verfügen können und die anderen nicht, sondern immer eingefasst in soziale Kräfteverhältnisse, die ständig neu austariert werden. Das betrifft nicht nur die scharfen Konkurrenzauseinandersetzungen, in die die Internetkonzerne untereinander allerorten verstrickt sind. AOL, Yahoo, MySpace oder Nokia sind Beispiele dafür, wie schnell sich marktbeherrschende Positionen in diesem dynamischen Geschäft wieder verflüchtigen können. Auch staatliche bzw. europäische Regulierungsaktivitäten können den Internetkonzernen Probleme bereiten, wie vor allem die politischen Debatten über die Macht von Google zeigen.

Das betrifft auch asymmetrisch verfasste Beziehungen, in denen auch die Unterlegenen immer über spezifische Ressourcen und Handlungspotenziale verfügen, mit denen sie die Überlegenen irritieren, beeinflussen oder auch herausfordern können (Giddens 1984: 14-16). Obgleich die Internetkonzerne weit mehr über ihre Nutzer wissen als umgekehrt, können kollektive Präferenzen und Verhaltensweisen sie dann, wenn sie sich zu einem Massenphänomen verdichten, zu Korrekturen oder Revisionen ihrer strategischen Ausrichtung zwingen oder gar in existenzielle Krisen stürzen.

In derart turbulenten Umgebungen, wie sie für das (kommerzielle) Internet typisch sind, können die Internetkonzerne nicht einfach ihre vorhandene Macht ausspielen, sondern müssen deren Grundlagen – ihre Ressourcen, Kompetenzen und Einflussmöglichkeiten – ständig neu justieren und an sich schnell verändernde Bedingungen anpassen. Sind sie dann, wenn es darauf ankommt, nicht im Bilde oder, anders gesagt, adaptionsunfähig, kann ihre Macht ebenso schnell erodieren wie wenn sie über Ressourcen verfügen, die keinen mehr interessieren.

Literatur

Ahuja, Gautam / Lampert, Curba M. / Tandon, Vivek (2008): Moving Beyond Schumpeter: Management Research on the Determinants of Technological Innovation. In: *The Academy of Management Annals* (2)1, 1–98.

Alphabet Inc. (2017): *Form 10-K 2016*. Washington D.C.: United States Securities and Exchange Commission.

Amazon Inc. (2013): *Annual Report 2012 (Form 10-K)*. Washington D.C.: United States Securities and Exchange Commission.

Amazon Inc. (2017): *Annual Report 2016 (Form 10-K)*. Washington D.C.: United States Securities and Exchange Commission.

Anderson, Chris (2008): *The Long Tail. Why the Future of Business is Selling Less of More.* New York: Hachette Books.

Angwin, Julia (2009): *Stealing MySpace: The Battle to Control the Most Popular Website in America.* New York: Random House.

Apple Inc. (2001): *Annual Report 2001 (Form 10-K)*. Washington D.C.: United States Securities and Exchange Commission.

Apple Inc. (2016): *Annual Report 2016 (Form 10-K)*. Washington D.C.: United States Securities and Exchange Commission.

Arthur, Charles (2012): *Digital Wars: Apple, Google, Microsoft and the Battle for the Internet.* London / Philadelphia: Kogan Page.

Atkinson, Robert D. / Ezell, Stephen J. / Andes, Scott M. / Castro, Daniel D. / Bennett, Richard (2010): *The Internet Economy 25 Years After. Transforming Commerce & Life.* Washington D.C.: The Information Technology & Innovation Foundation.

Barabasi, Albert-Lázlò / Bonabeau, Eric (2003): Scale-Free Networks. In: *Scientific American* 5, 50–59.

Benkler, Yochai (2006): *The Wealth of Networks: How Social Production Transforms Markets and Freedom*. New Haven: Yale University Press.

Braun, Viktor / Herstatt, Cornelius (2008): The Freedom-Fighters: How Incumbent Corporations are Attempting to Control User-innovation. In: *International Journal of Innovation Management* 12(3), 543–572.

Brockmeier, Joe (2011): Does Amazon "Owe" Open Source? Maybe a Little. In: *Network World* (27.5.2011). http://www.networkworld.com/article/2229358/ (1/2017).

Chesbrough, Henry W. (2003a): *Open Innovation: The New Imperative for Creating and Profiting from Technology*. Boston: Harvard Business School Press.

Chesbrough, Henry W. (2003b): The Era of Open Innovation. In: *MIT Sloan Management Review* 44(3), 35–41.

Chesbrough, Henry W. / Bogers, Marcel (2014): Explicating Open Innovation: Clarifying an Emerging Paradigm for Understanding Innovation. In: Chesbrough, Henry W. / Vanhaverbeke, Wim / West, Joel (Eds.): *New Frontiers in Open Innovation*. Oxford: Oxford University Press, 3–28.

Clark, Jack (2014): Amazon's 'Schizophrenic' Open Source Selfishness Scares off Potential Talent, Say Insiders. In: *The Register* (22.1.2014). http://www.theregister.co.uk/2014/01/22/amazon_open_source_investigation/ (1/2017).

Dahlander, Linus / Gann, David M. (2010): How Open is Innovation? In: *Research Policy* 39, 699–709.

Dolata, Ulrich (2003): *Unternehmen Technik. Akteure, Interaktionsmuster und strukturelle Kontexte der Technikentwicklung: Ein Theorierahmen*. Berlin: Edition Sigma.

Dolata, Ulrich (2013): *The Transformative Capacity of New Technologies. A theory of sociotechnical change*. London / New York: Routledge.

Dolata, Ulrich / Schrape, Jan-Felix (2013): Medien in Transformation. Radikaler Wandel als schrittweise Rekonfiguration. In: Dolata, Ulrich / Schrape, Jan-Felix (Hrsg.): *Internet, Mobile Devices und die Transformation der Medien. Radikaler Wandel als schrittweise Rekonfiguration*. Berlin: Edition Sigma, 9–36.

Dolata, Ulrich / Schrape, Jan-Felix (2014): App-Economy: Demokratisierung des Software-Marktes? In: *Technikfolgenabschätzung – Theorie und Praxis* 23(2), 76–80.

Dolata, Ulrich / Schrape, Jan-Felix (2016): Masses, Crowds, Communities, Movements: Collective Action in the Internet Age. In: *Social Movement Studies* 15(1), 1–18.

Eaton, Ben / Elaluf-Calderwood, Silvia / Sörensen, Carsten / Yoo, Youngjin (2011): *Dynamic Structures of Control and Generativity in Digital Ecosystem Service Innovation: The Cases of the Apple and Google Mobile App Stores*. Working Paper Series 183. London: LSE Innovation Systems and Innovation Group.

EHI Retail Institute (2016): *Top 100 umsatzstärkste Onlineshops in Deutschland*. https://www.ehi.org/de/top-100-umsatzstaerkste-onlineshops-in-deutschland (1/2017).

Evans, David S. (2008): The Economics of the Online Advertising Industry. In: *Review of Network Economics* 7(3), 359–391.

Facebook Inc. (2017): *Annual Report 2016 (Form 10-K)*. Washington D.C.: United States Securities and Exchange Commission.

Fortune (2016): *Fortune 500 2016*. http://beta.fortune.com/fortune500 (1/2017).

Freedman, Des (2012): Web 2.0 and the Death of the Blockbuster Economy. In: Curran, James / Fenton, Natalie / Freedman, Des (Eds): *Misunderstanding the Internet*. London / New York: Routledge, 69–94.

Freeman, Christopher (1991): Networks of Innovators: A Synthesis of Research Issues. In: *Research Policy* 20, 499–514.

Giddens, Anthony (1984): *The Constitution of Society*. Cambridge: Polity Press.

Gillespie, Tarleton (2010): The Politics of ‚Platforms'. In: *New Media & Society* 12(3), 347–364.

Gillespie, Tarleton (2014): The Relevance of Algorithms. In: Gillespie, Tarleton / Boczkowski, Pablo / Foot, Kirsten (Eds): *Media Technologies. Essays on Communication, Materiality, and Society*. Cambridge: MIT Press, 167–194.

Google Inc. (2010): *Annual Report 2009 (Form 10-K)*. Washington D.C.: United States Securities and Exchange Commission.

Hagedoorn, John / Link, Albert N. / Vonortas, Nicholas S. (2000): Research Partnerships. In: *Research Policy* 29, 567–586.

Handelsverband Deutschland (2016): *Der deutsche Einzelhandel. Stand Dezember 2016*. http://einzelhandel.de/images/presse/Graphiken/DerEinzelhandelJan2014.pdf (1/2017).

Haucap, Justus / Heimeshoff, Ulrich (2014): Google, Facebook, Amazon, eBay: Is the Internet Driving Competition or Market Monopolization? In: *International Economics and Economic Policy* 11(1/2), 49–61.

Haucap, Justus / Wenzel, Tobias (2011): Wettbewerb im Internet: Was ist online anders als offline? In: *Zeitschrift für Wirtschaftspolitik* 60(2), 200–211.

Hippel, Eric von (2005): *Democratizing Innovation*. Cambridge: MIT Press.

Hong, Ahreum / Bhattacharyya, Debadutta / Geis, George T. (2013): The Role of M&A in Market Convergence: Amazon, Apple, Google and Microsoft. In: *Global Economy and Finance Journal* 6(1), 53–73.

Just, Natascha / Latzer, Michael (2017): Governance by Algorithms: Reality Construction by Algorithmic Selection on the Internet. In: *Media, Culture & Society* 39(2), 238-258

Kirchner, Stefan / Beyer, Jürgen (2016): Die Plattformlogik als digitale Marktordnung. Wie die Digitalisierung Kopplungen von Unternehmen löst und Märkte transformiert. In: *Zeitschrift für Soziologie* 45(5), 324–339.

Kirkpatrick, David (2010): *The Facebook Effect. The Inside Story of the Company That Is Connecting the World*. New York: Simon & Schuster.

Lerner, Joshua / Tirole, Jean (2002): Some Simple Economics of Open Source. In: *Journal of Industrial Economics* 50(2), 197–234.

Lessig, Lawrence (1999): *CODE and Other Laws of Cyberspace*. New York: Basic Books.

Litan, Robert E. / Rivlin, Alice M. (Eds.) (2001): *The Economic Payoff from the Internet Revolution*. Washington D.C.: Brookings Institution.

Mellahi, Kamel / Wilkinson, Adrian (2004): Organizational Failure: A Critique of Recent Research and a Proposed Integrative Framework. In: *International Journal of Management Reviews* 5/6(1), 21–41.

Microsoft Corp. (2014): *Annual Report 2014 (Form 10-K)*. Washington D.C.: United States Securities and Exchange Commission

Microsoft Corp. (2016): *Annual Report 2016 (Form 10-K)*. Washington D.C.: United States Securities and Exchange Commission.

Monopolkommission (2014): *Eine Wettbewerbsordnung für die Finanzmärkte. Zwanzigstes Hauptgutachten der Monopolkommission*. Manuskript.

National Retail Federation (2013): *Top 50 E-Retailers, 2013.* https://nrf.com/2015/top50-e-retailers-table (1/2017).
National Retail Federation (2015): *Top 100 Retailers Chart, 2015.* https://nrf.com/2015/top100-table (1/2017)
Netmarketshare (2016a): *Desktop and Mobile/Tablet Search Engine Market Share.* http://netmarketshare.com/ (1/2017).
Netmarketshare (2016b): *Mobile/Tablet Operating System Market Share.* http://netmarketshare.com/ (1/2017).
Pariser, Eli (2011): *The Filter Bubble. What the Internet is Hiding from You.* New York: Penguin Press.
Pittaway, Luke / Robertson, Maxine / Munir, Kamal / Denyer, David / Neely, Andy (2004): Networking and Innovation: A Systematic Review of the Evidence. In: *International Journal of Management Reviews* 5/6(3/4), 137–168.
Pollock, Rufus (2010): Is Google the Next Microsoft: Competition, Welfare and Regulation in Online Research. In: *Review of Network Economics* 9(4), Article 4.
Powell, Walter W. / Grodal, Stine (2005): Networks of Innovators. In: Fagerberg, Jan / Mowery, David C. / Nelson, Richard R. (Eds.): *The Oxford Handbook of Innovation.* Oxford: Oxford University Press, 56–85.
Powell, Walter W. / Koput, Kenneth W. / Smith-Doerr, Laurel (1996): Interorganizational Collaboration and the Locus of Innovation: Networks of Learning in Biotechnology. In: *Administrative Science Quarterly* 41(1), 116–145.
PricewaterhouseCoopers (2016): *IAB Internet Advertising Revenue Report. 2015 Full Year Results.* New York: PwC.
Rochet, Jean-Charles / Tirole, Jean (2003): Platform Competition in Two-sided Markets. In: *Journal of the European Economic Association* 1(4), 990–1029.
Roijakkers, Nadine / Hagedoorn, John (2006): Inter-firm Partnering in Pharmaceutical Biotechnology since 1975: Trends, Patterns, and Networks. In: *Research Policy* 35, 431–446.
Rothaermel, Frank T. (2001): Incumbent's Advantage Through Exploiting Complementary Assets via Interfirm Cooperation. In: *Strategic Management Journal* 22(6/7), 687–699.
Schreyögg, Georg / Sydow, Jörg (2010): Organizing for Fluidity? Dilemmas of New Organizational Forms. In: *Organization Science* 21(6), 1251–1262.
Shapiro, Carl / Varian, Hal R. (1999): *Information Rules. A Strategic Guide to the Network Economy.* Boston: Harvard Business School Press.
Shelanski, Howard E. (2013): Information, Innovation, and Competition Policy for the Internet. In: *University of Pennsylvania Law Review* 161, 1663–1705.
Statista (2016): *Marktanteile der führenden Hersteller am Absatz von Smartphones weltweit vom 4. Quartal 2009 bis zum 2. Quartal 2016.* https://de.statista.com/statistik/daten/studie/173056/umfrage/weltweite-marktanteile-der-smartphone-hersteller-seit-4-quartal-2009/ (1/2017).
Stone, Brad (2013): *The Everything Store. Jeff Bezos and the Age of Amazon.* New York: Little, Brown and Company.
Tapscott, Don / Williams, Anthony D. (2006): *Wikinomics: How Mass Collaboration changes Everything.* New York: Portfolio.
Trott, Paul / Hartmann, Dap (2009): Why ‚Open Innovation' is Old Wine in New Bottles. In: *International Journal of Innovation Management* 13(4), 715–736.
Van Dijck, José (2013): *The Culture of Connectivity. A Critical History of Social Media.* Oxford: Oxford University Press.

West, Joel / Lakhani, Karim R. (2008): Getting Clear About Communities in Open Innovation. In: *Industry & Innovation* 15(2), 223–231.

West, Joel / O'Mahoney, Siobhan (2008): The Role of Participation Architecture in Growing Sponsored Open Source Communities. In: *Industry & Innovation* 15(2), 145–168.

West, Joel / Salter, Ammon / Vanhaverbeke, Wim / Chresbrough, Henry (2014): Open Innovation: The Next Decade. In: *Research Policy* 43, 805–811.

Winner, Langdon (1980): Do Artifacts Have Politics? In: *Daedalus* 109(1), 121–136.

Autorenverzeichnis

Ulrich Dolata ist Professor für Organisations- und Innovationssoziologie am Institut für Sozialwissenschaften der Universität Stuttgart.
ulrich.dolata@sowi.uni-stuttgart.de

Jan-Felix Schrape ist wissenschaftlicher Mitarbeiter der Abteilung für Organisations- und Innovationssoziologie am Institut für Sozialwissenschaften der Universität Stuttgart.
felix.schrape@sowi.uni-stuttgart.de

Druck

Canon Deutschland Business Services GmbH
Ferdinand-Jühlke-Str. 7
99095 Erfurt